はじめに

このプリントは、子どもたちが自らアクティブに問題を解き続け、学習できるようになる姿をイメージして生まれました。

どこから手をつけてよいかわからない。問題とにらめっこし、かたまってしまう。

えんぴつを持ってみたものの、いつの間にか他のことに気がいってしまう……。

そんな場面をなくしたい

子どもは１年間にたくさんのプリントに出会います。できるだけよいプリントに出会ってほしいと思います。

子どもにとってよいプリントとは何でしょうか？

それは、サッとやり始め、ふと気づけばできている、スイスイと上がっていけるエスカレーターのような仕組みのあるプリントです。

「いつの間にかできるようになった！」「もっと続きがやりたい！」

と、子どもが目をキラキラと輝かせる。そんな子どもたちの姿を思い描いて編集しました。

プリント学習が続かないことには理由があります。またプリント１枚できないことには理由があります。

語彙を獲得する必要性や、大人が想像する以上にスモールステップが必要であったり、じっくり考えなければならない問題があったりします。

教科書レベルの問題が解けるために、さまざまなバリエーションの問題を作りました。

「学ぶことが楽しい！」

→「もっとやりたくなる！」

→「続くから、結果が出てくる！」

ぜひ、このプリント集を使ってみてください。

子どもたちがワクワク、キラキラしてプリントにとりくむ姿が、目の前でひろがりますように。

藤原　光雄

シリーズ全巻の特長

◎幅広く目的に沿った使い方！

○「書くこと」を中心に、知識や表現力をどんどん広げる。

○教科書で学習した内容を読む、理解できる。

○教科書で学習した内容を使う、表現できる。

○教科書で学習した内容を説明できる。

◎国語科６年間の学びをスパイラル化！

国語６年間の学習内容を、スパイラルを意識して配列しています。

予習や復習、発展的な問題に取り組むなど、ほかの学年の巻も使ってみてください。

このプリントの特長

○はじめの一歩をわかりやすく！

自学にも活用できるように、うすい字でやり方や書き方が書いてあります。

なぞりながら答え方を身につけてください。

○国語感覚から解き方や作文力が身につく！

文字あそびや言葉あそびで、言語に対する習熟を重ね、作文力がつきます。

ワークシートで言葉の冒険を楽しんでみてください。

○様々な発想・表現ができる！

答えが一通りではなく、多様な答えがある問題も用意しました。

○文法、語彙の力が身につく！

教科書の学習に合う新出漢字・語彙を様々な形式でくり返すことで定着を図ります。

朝学習、スキマ学習、家庭学習など。様々な学習の場面で活用できます。

1年生　もくじ

1

もじあそび ①

なまえ

✿ もじを なぞって えに しましょう。

1 もじあそび ②

なまえ

✿ もじを　なぞって　えに　しましょう。

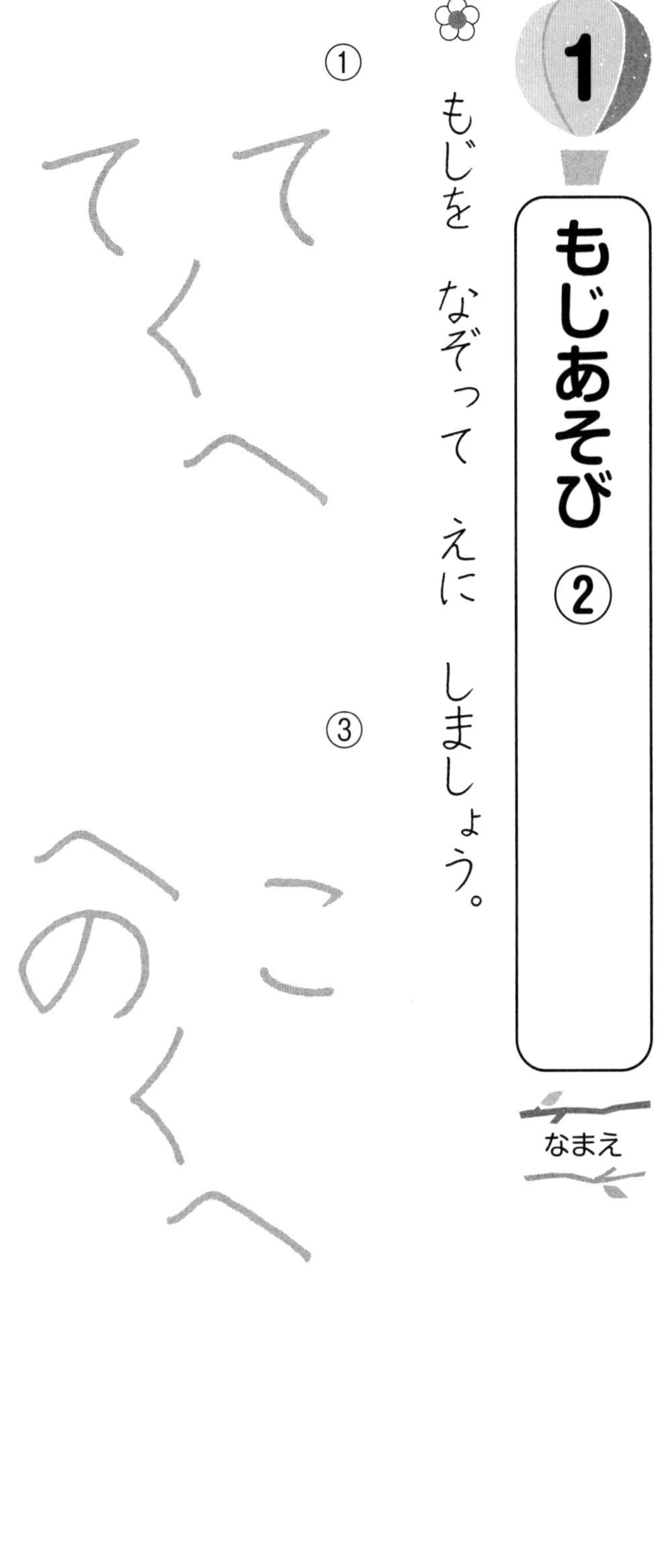

1

もじあそび ③

なまえ

❀ もじを なぞって えに しましょう。

1

もじあそび ④

なまえ

もじを なぞって えに しましょう。

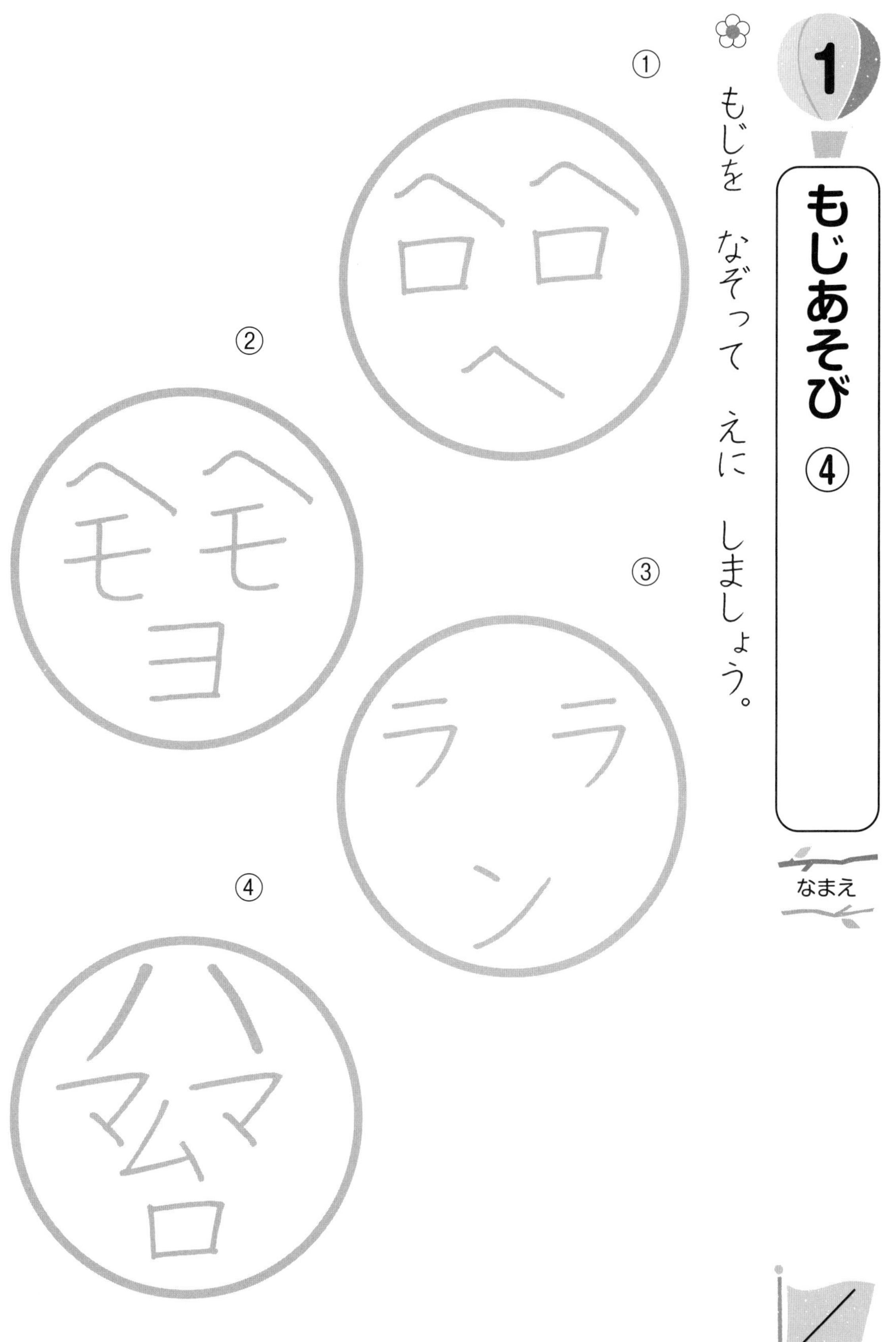

2

はやがき ①

なまえ

あいうえおの　じゅんばんに　じを　なぞりがきしましょう。

①

あ い う え お

②

か き く け こ

③

さ し す せ そ

④

た ち つ て と

⑤

な に ぬ ね の

⑥

は ひ ふ へ ほ

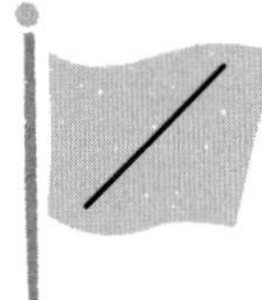

2 はやがき ②

あいうえおの　じゅんばんに　じを　なぞりがきしましょう。

なまえ

2 はやがき ③

なまえ

アイウエオの　じゅんばんに　じを　なぞりがきしましょう。

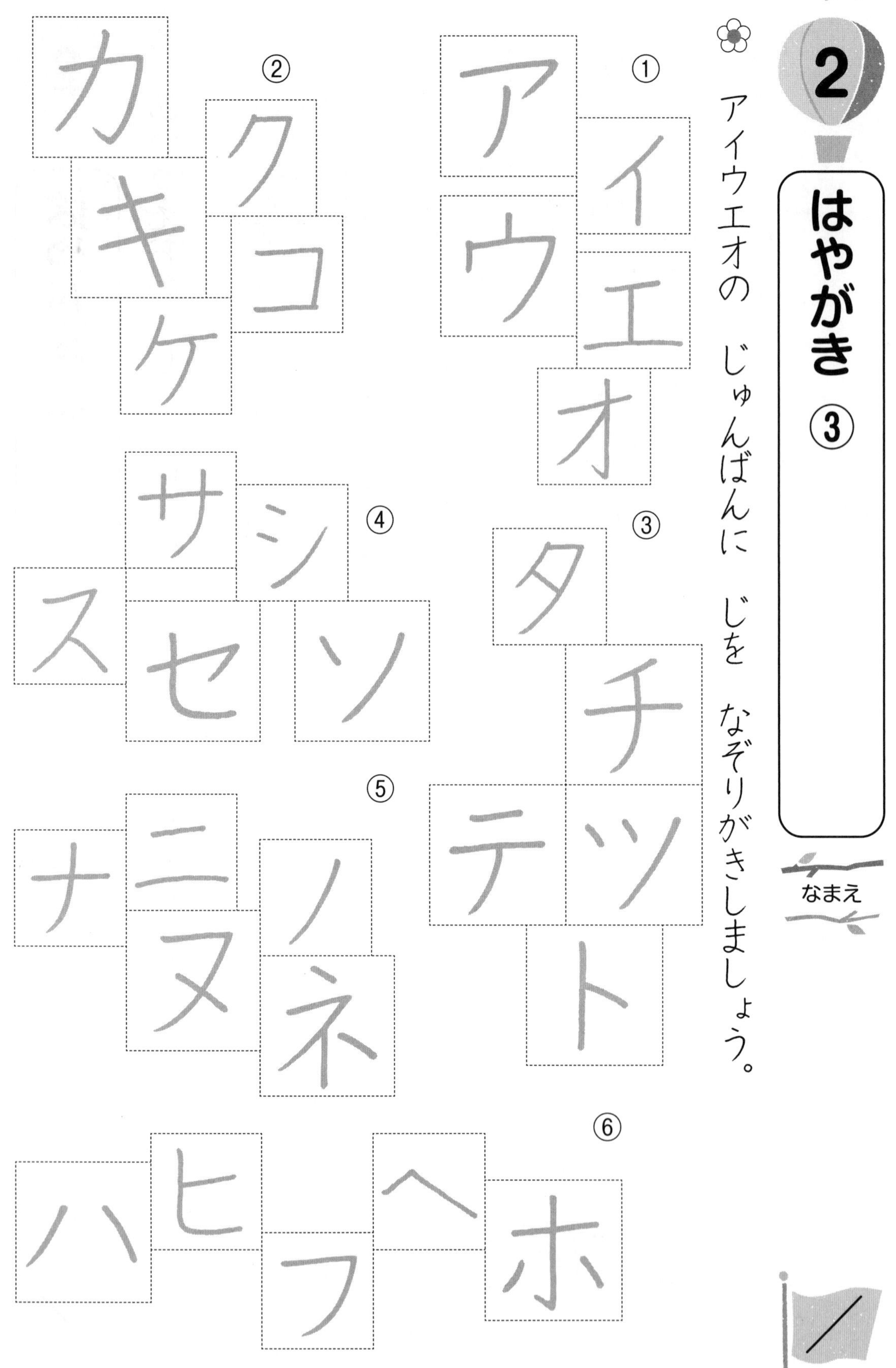

2 はやがき ④

アイウエオの　じゅんばんに　じを　なぞりがきしましょう。

なまえ

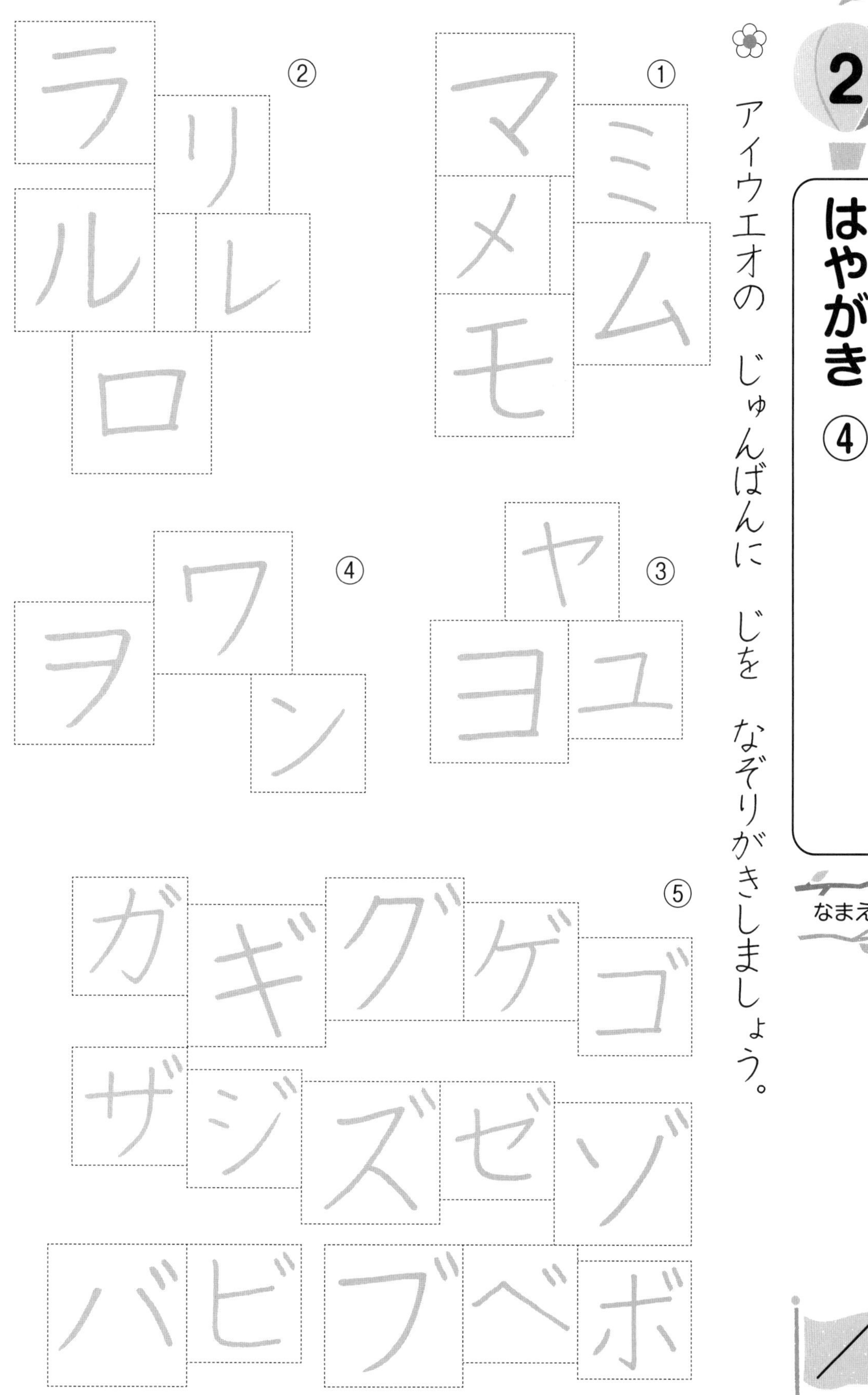

3 ちいさいもじはどのへや①

なまえ

ちいさい「や」「ャ」を ただしい ところに かきましょう。

① きゃく

② シャツ

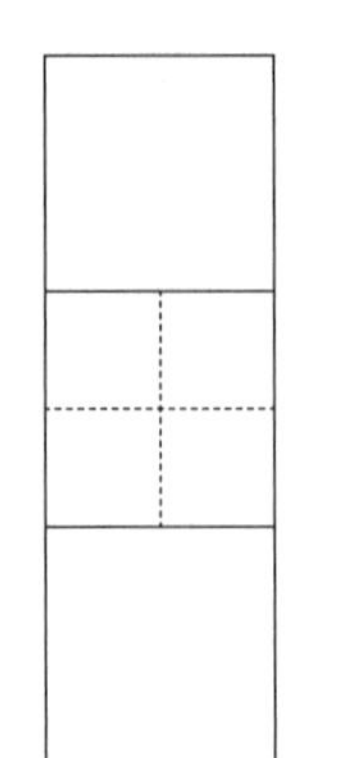

③ しゃち

④ キャベツ

⑤ みゃく

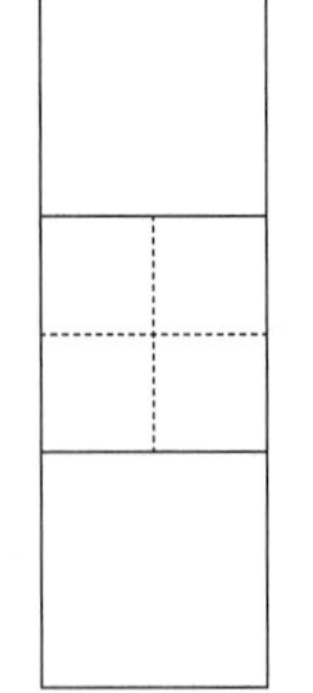

⑥ ひゃく

⑦ ジャンプ

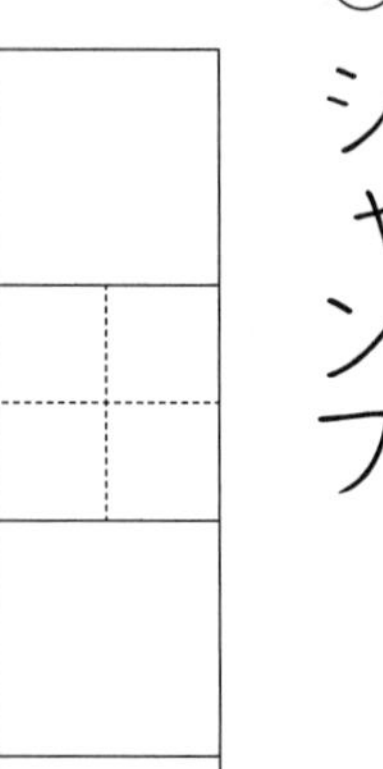

⑧ しゃこ

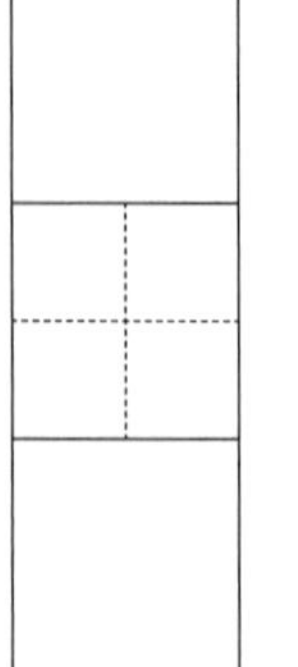

3 ちいさい もじは どのへや ②

なまえ

ちいさい「ょ」「ョ」を ただしい ところに かきましょう。

①きょく

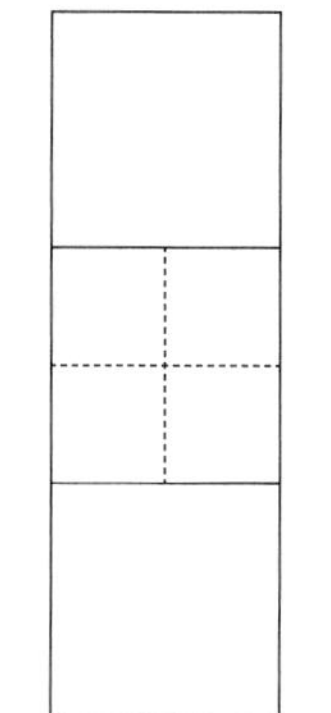

②ピョン

③しょか

④きょねん

⑤しょうが

⑥きょり

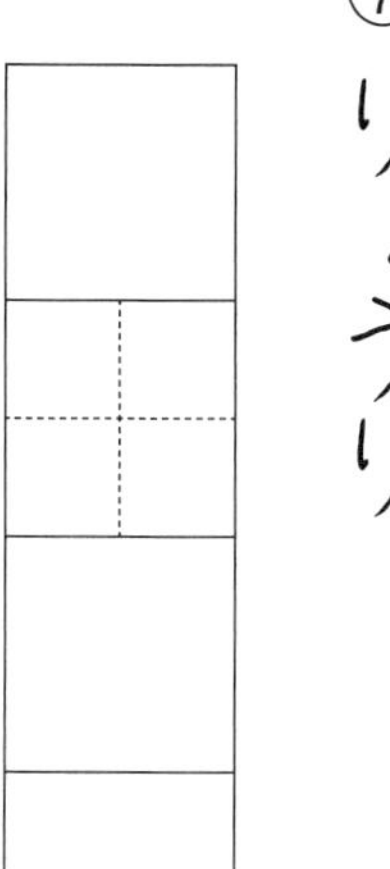

⑦りょうり

⑧ちょきん

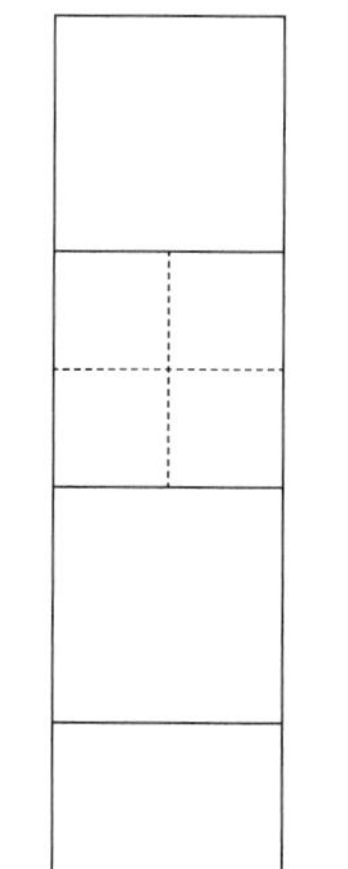

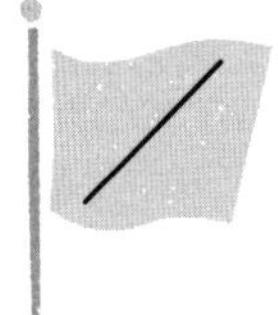

3 ちいさい もじは どのへや ③

なまえ

ちいさい 「つ」「ツ」を ただしい ところに かきましょう。

① がっき

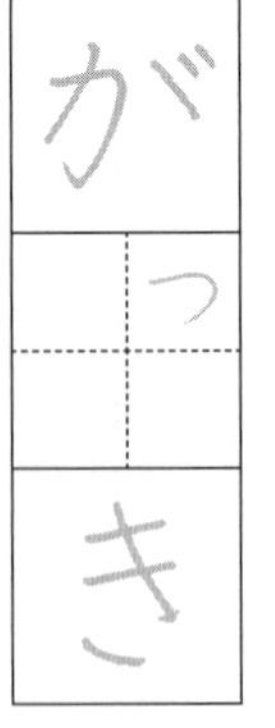

② キック

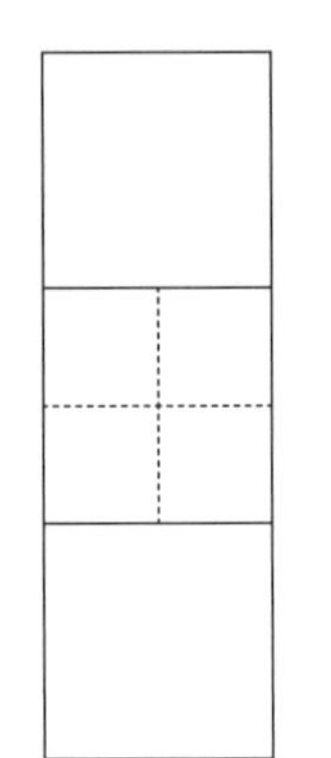

③ ペット

④ あっさり

⑤ とっさ

⑥ ラッコ

⑦ ラッキー

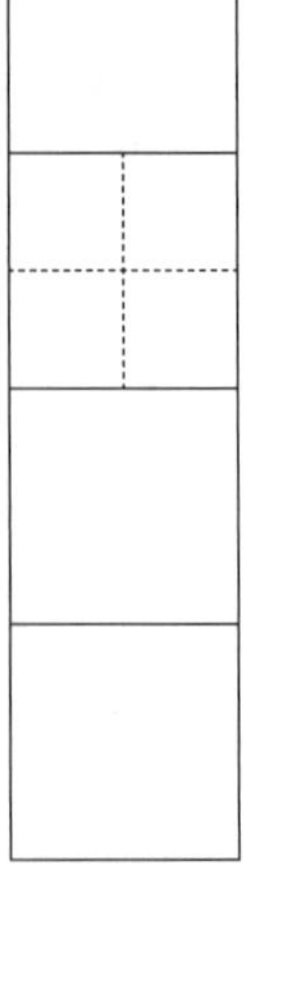

⑧ タッチ

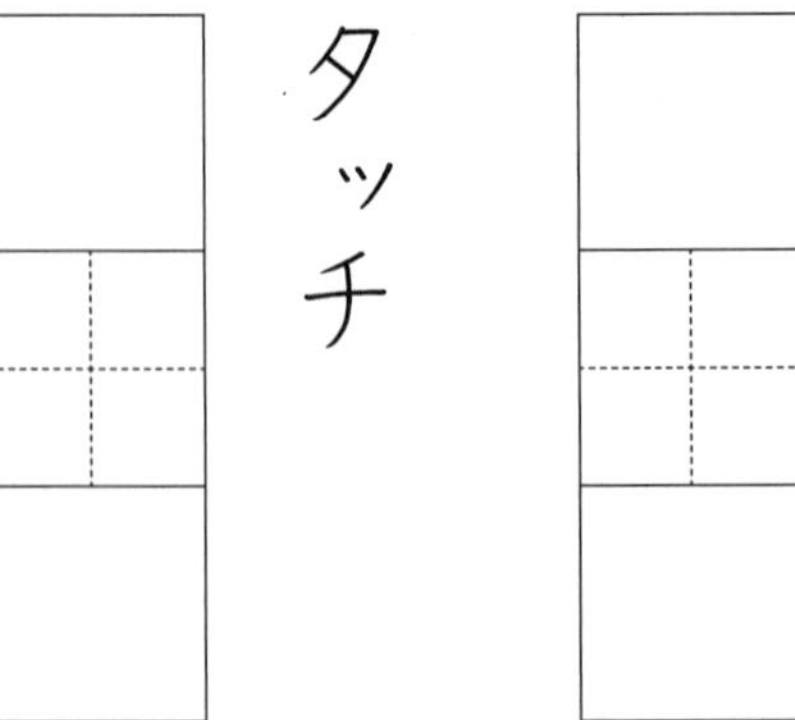

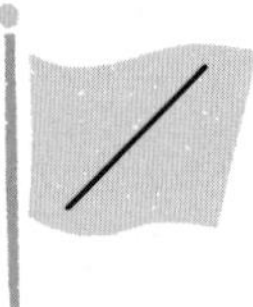

ちいさい もじは どの へや ④

なまえ

ちいさい 「ゆ」を ただしい ところに かきましょう。

① じゅく

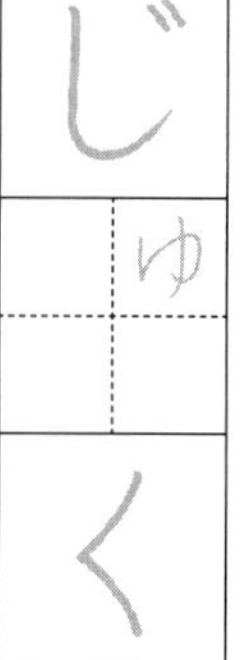

② かしゅ

③ きゅう

④ しゅうり

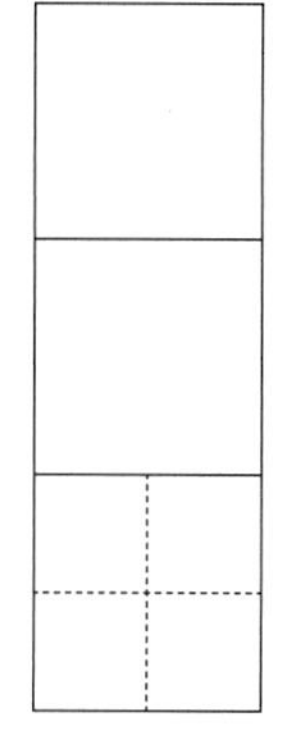

⑤ ちゅうい

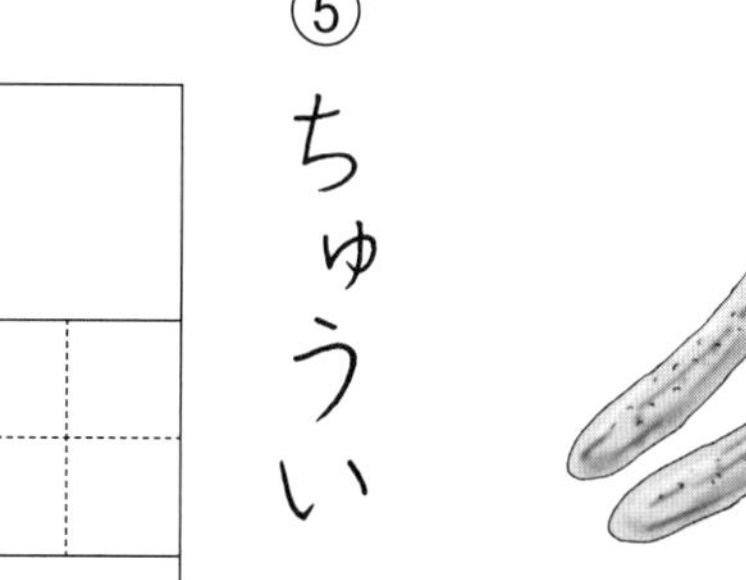

⑥ ぎゅう

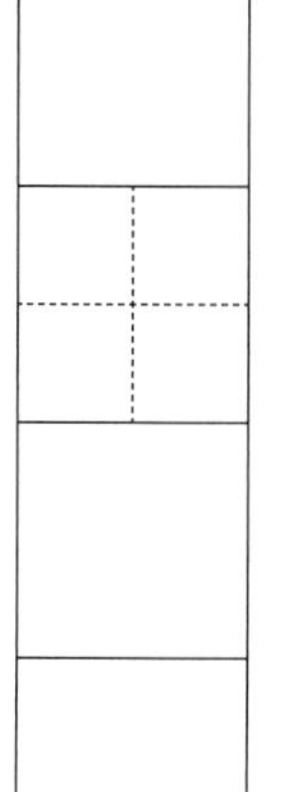

⑦ きゅうり

⑧ じゅうい

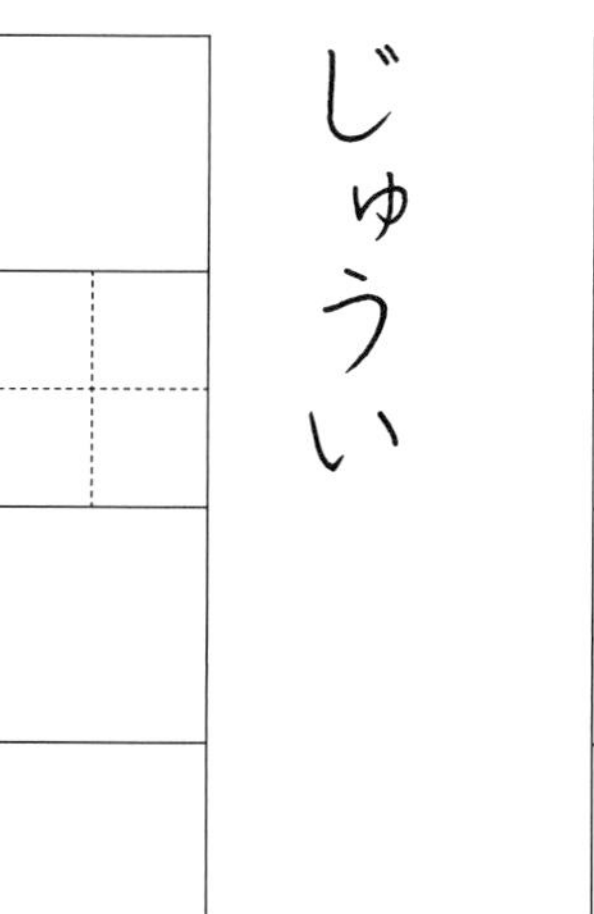

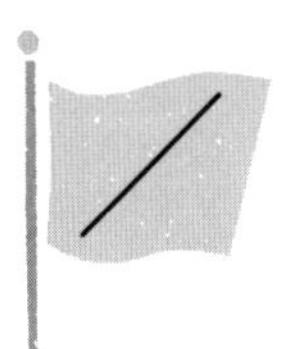

4 ただしい せんむすび ①

なまえ

✿ ただしい ことばを つないで ぶんを つくり なぞりましょう。

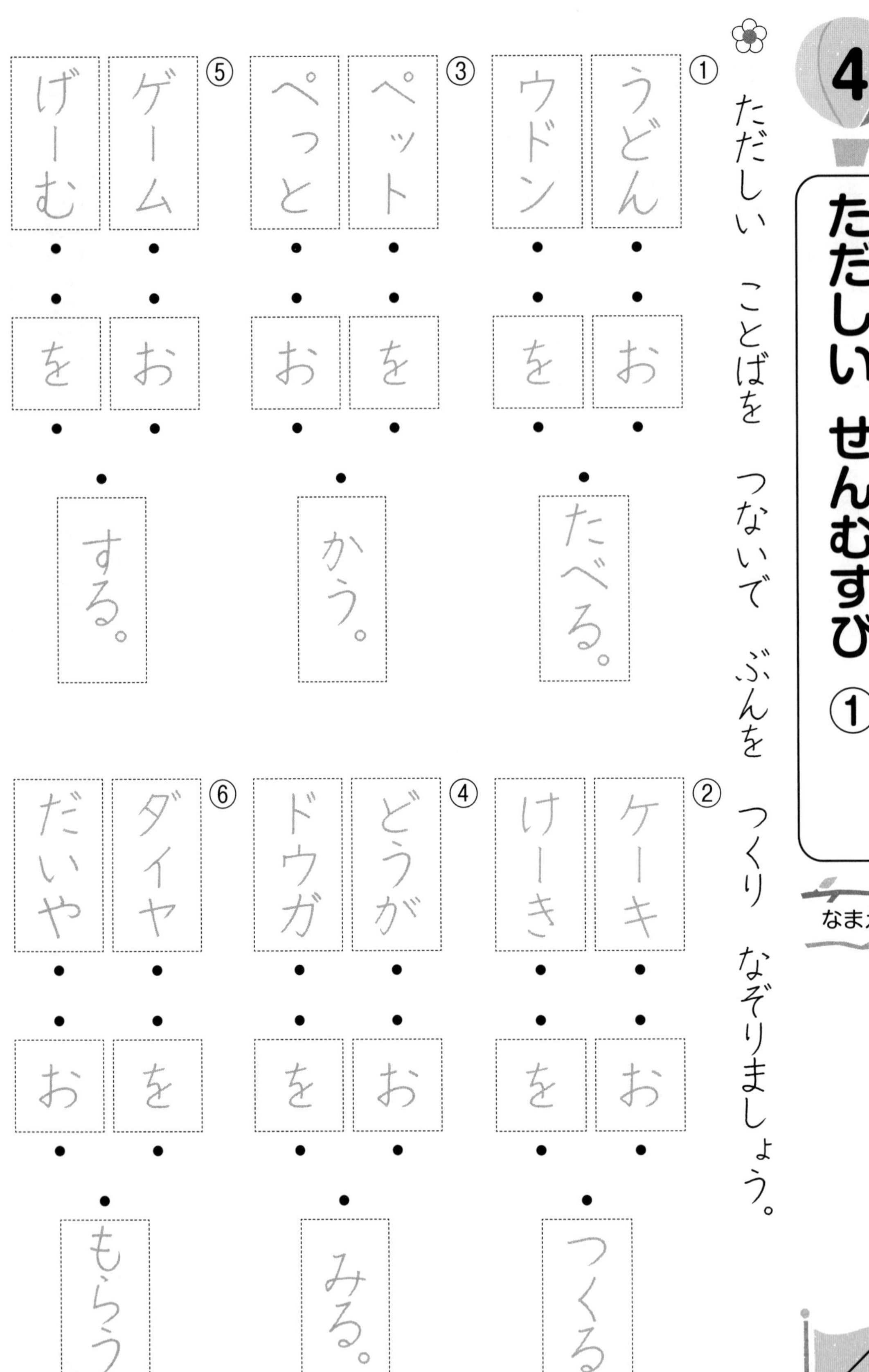

① うどん ・ ウドン ／ お ・ を ／ たべる。

② ケーキ ・ けーき ／ お ・ を ／ つくる。

③ ペット ・ ぺっと ／ を ・ お ／ かう。

④ どうが ・ ドウガ ／ お ・ を ／ みる。

⑤ ゲーム ・ げーむ ／ お ・ を ／ する。

⑥ ダイヤ ・ だいや ／ を ・ お ／ もらう。

4 ただしい せんむすび ②

なまえ

ただしい ことばを つないで ぶんを つくり なぞりましょう。

①

ロケット
ろけっと

お
を

うちあげる。
はやい。

②

プチトマト
ぷちとまと

お
を

そだてる。
あかい。

③

オムライス
おむらいす

を
お

おいしい。
たべる。

5 五(ご)かんさく文(ぶん) ①

なまえ

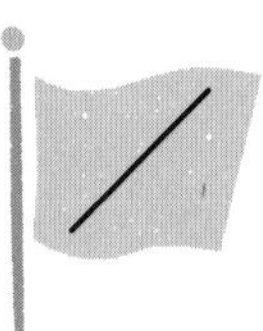

✿ さわった　かんじを　おもいだして　ことばに　しましょう。

さらさら　ざらざら　つるつる　ふわふわ　さらさら
がたがた　すべすべ　ごつごつ　ちくちく　とげとげ

① こうさぎは　さわると　［ふわふわ］　している。

② ガラスは　さわると　［　　　　］　している。

③ はっぱは　さわると　［　　　　］　している。

④ はなびらは　さわると　［　　　　］　している。

5 五(ご)かんさく文(ぶん) ②

なまえ

✿ きこえた　おとを　おもいだして　ことばに　しましょう。

カアカア　ニャーニャー　ワンワン　ニャーゴ　ドンドン
カンカン　パリン　ポリポリ　ビュービュー　ゴーゴー

① こねこは　なくと　［ニャーニャー］　と　きこえる。

② キュウリを　たべると　［　　　］　と　きこえる。

③ かぜが　ふくと　［　　　］　と　きこえる。

④ たいこは　たたくと　［　　　］　と　きこえる。

5 五(ご)かんさく文(ぶん) ③

なまえ

✿ みた ことを おもいだして ことばに しましょう。

つぶつぶ　とげとげ　つやつや　がたがた　でこぼこ
ふさふさ　ぎざぎざ　さらさら　しろいろ　あおいろ

① レモンを よくみると （つぶつぶ） が みえる。

② すいかを よくみると （　　） が みえる。

③ はっぱを よくみると （　　） が みえる。

④ かぼちゃを よくみると （　　） が みえる。

5 五(ご)かんさく文(ぶん) ④

なまえ

かいだ　においを　おもいだして　ことばに　しましょう。

コーヒー　ソース　しょうゆ　みかん　レモン
かわ　あぶら　さかな　はな　カレー

① クッキーから　［レモン］の　においが　する。

② けしごむから　［　　］の　においが　する。

③ だいどころから　［　　］の　においが　する。

④ きかいは　［　　］の　においが　する。

五かん作文 ⑤

なまえ

✿ たべた あじを おもいだして ことばに しましょう。

すっぱい あまずっぱい しょっぱい あまい からい
にがい ほろにがい ほろずっぱい しおからい あまからい

① レモンは［すっぱい］あじが する。

② ケーキは［　　　］あじが する。

③ ピーマンは［　　　］あじが する。

④ カレーは［　　　］あじが する。

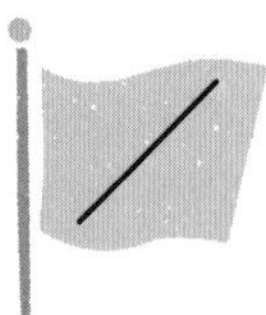

5 どの五(ご)かんでしょう?

なまえ

ことばと　かんじる　かんかくを　せんで　むすびましょう。

① ガサガサ
② ざらざら
③ ほのかに
④ きいろい
⑤ からい

さわる
たべる
におう
きく
みる

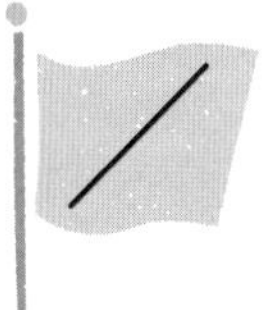

6 オノマトペ文 ①

なまえ

正しい　ことばを　せんで　むすんで、文を　つくりましょう。

6 オノマトペ文 ②

正しい ことばを せんで むすんで、文を つくりましょう。

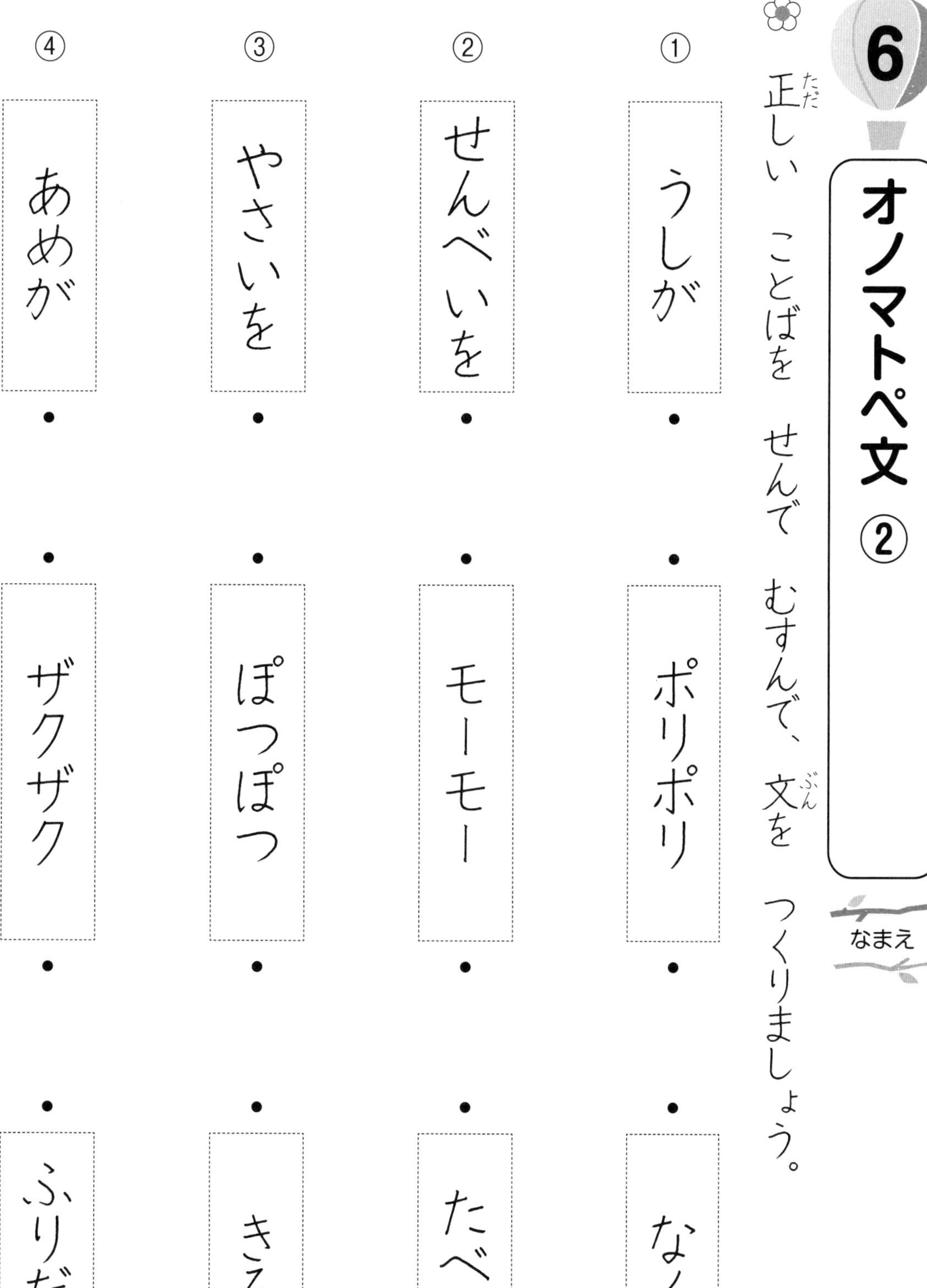

なまえ

/

6 オノマトペ文 ③

なまえ

✿ 正しい　ことばを　せんで　むすんで、文を　つくりましょう。

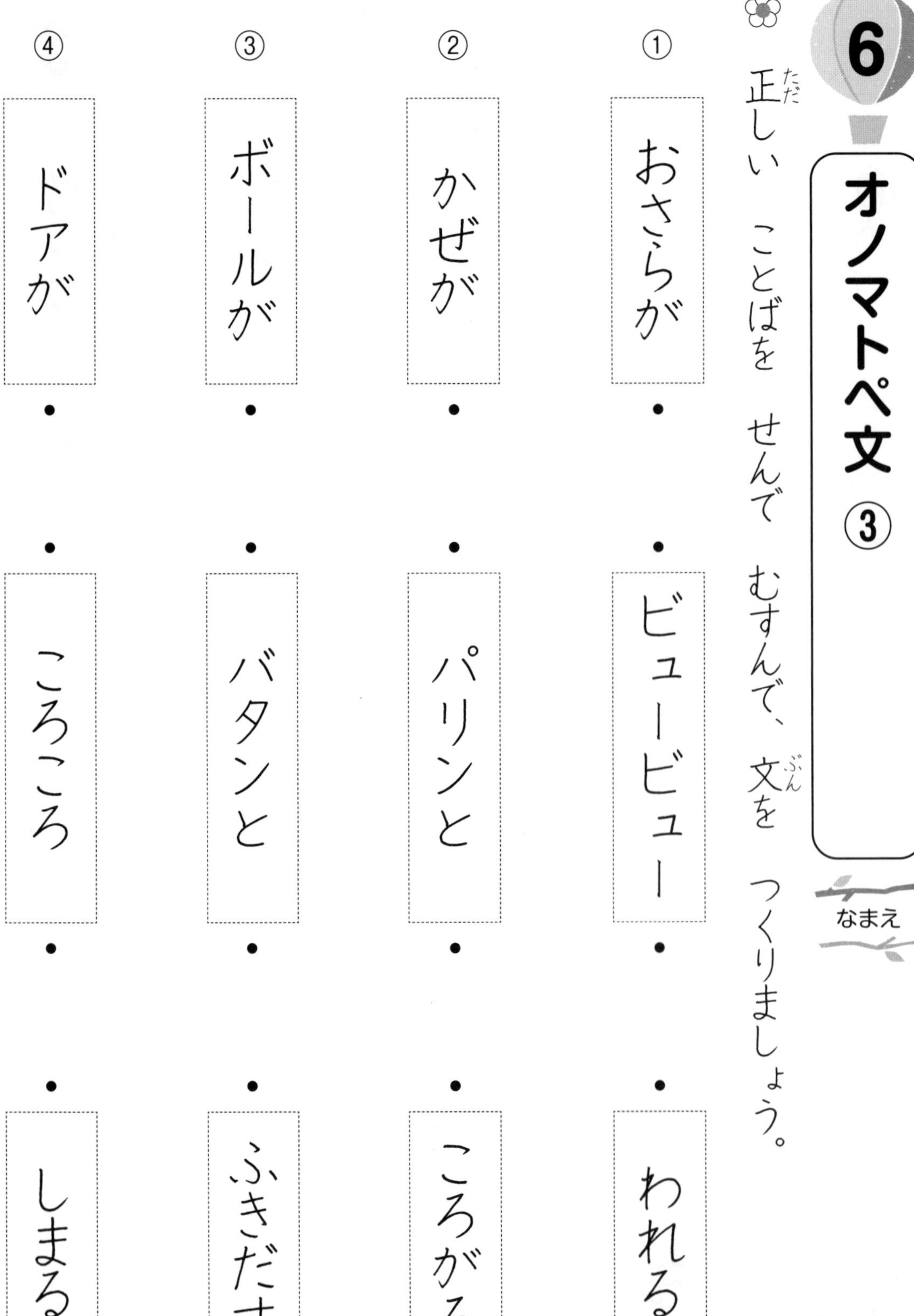

① おさらが　・　・ビュービュー　・　・われる。

② かぜが　・　・パリンと　・　・ころがる。

③ ボールが　・　・バタンと　・　・ふきだす。

④ ドアが　・　・ころころ　・　・しまる。

6 オノマトペ文④

なまえ

正(ただ)しい ことばを せんで むすんで、文(ぶん)を つくりましょう。

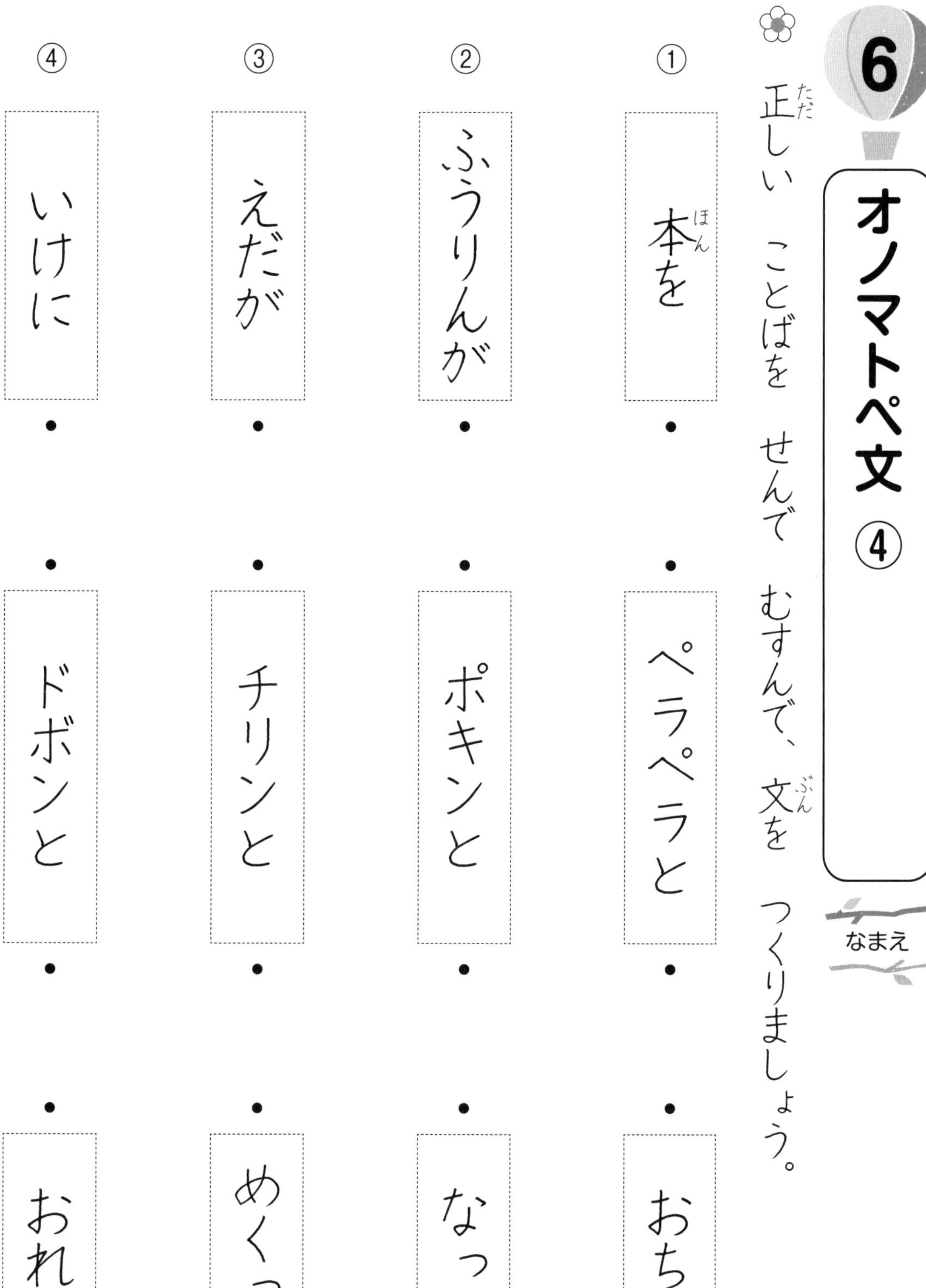

6 オノマトペ文 ⑤

なまえ

正しい ことばを せんで むすんで、文を つくりましょう。

① かれはが ・ ・ さらさら ・ ・ すべる。

② きのえだが ・ ・ ぱらぱら ・ ・ ゆれる。

③ ゆかが ・ ・ ゆらゆら ・ ・ おちた。

④ 川が ・ ・ つるつる ・ ・ ながれる。

6

オノマトペ文 ⑥

なまえ

正しい ことばを せんで むすんで、文を つくりましょう。

7 ふきだしものがたり ①

なまえ

／

どんなことを　しゃべっていると　おもいますか。かいてみましょう。

7 ふきだしものがたり ②

なまえ

どんなことを　しゃべっていると　おもいますか。かいてみましょう。

8 オノマトペ・ルール ①

なまえ

✿ オノマトペを　ひらがな・カタカナで　かきわけましょう。

耳で　きこえる　音や　こえ
どうぶつの　なきごえや　音を、カタカナで

✿ 正しい　かなづかいを　つないで　文を　つくりましょう。

① ライオンが ・　　・ ガオーガオー ・ がおーがおー ・　　・ と　ほえる。

② セミが ・　　・ ミンミン ・ みんみん ・　　・ と　なく。

③ チャイムが ・　　・ チリンチリン ・ ちりんちりん ・　　・ と　なる。

8 オノマトペ・ルール ②

なまえ

／

オノマトペを　ひらがな・カタカナで　かきわけましょう。

耳(みみ)で　きこえない　ようす

きこえない　ものごとの　ようすを、ひらがなで

正(ただ)しい　かなづかいを　つないで　文(ぶん)を　つくりましょう。

①
きもちが　・　・わくわく・　・ワクワク・　・　してきた。

②
たいようが　・　・ぎらぎら・　・ギラギラ・　・　かがやく。

③
くもが　・　・ふわふわ・　・フワフワ・　・　とうく。

9 、と。のへやは？ ①

なまえ

❀「、」と「。」を 正しい(ただ)ところに かきましょう。

① ぼくが、やるよ。

ぼくが、やるよ。

② あすは、できる。

③ よし、いくぞ。

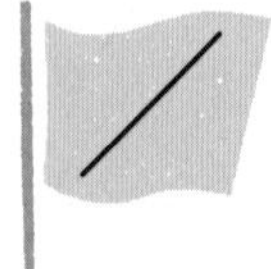

9 、と。のへやは？②

なまえ

「、」と「。」を 正しいところに かきましょう。

① なつは、あつい。

② ふゆは、さむい。

③ はるは、ふつう。

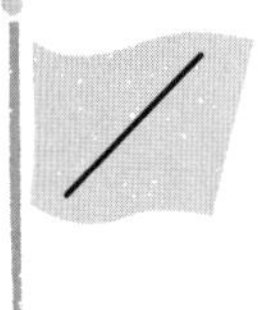

9 、と。のへやは？③

なまえ

✿「、」と「。」を　つけくわえて、正（ただ）しく　かきましょう。

① わたしは　ラッコを　みた

わたしは、ラッコをみた。

② あなたなら　きっと　できる

③ クラスみんなが　わらった

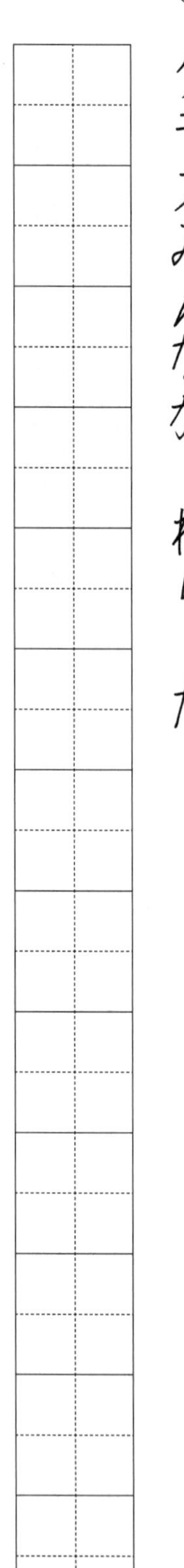

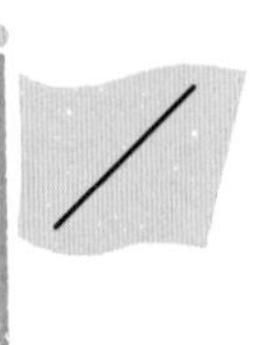

9 、と。のへやは？ ④

なまえ

✿「、」と「。」を　つけくわえて、正(ただ)しく　かきましょう。

① 一マスあけます
わたしは　おおきなさかなを　つりました

② 一マスあけます
きのう　みんなで　プリンを　たべました

〈ヒント〉
□わたしは、おおきなさかなを、つりました。
※さいごの「。」はひとマスに文字(もじ)といっしょにかきます。

〈ヒント〉
□きのう、みんなで、プリンをたべました。

10 「」のへやは？ ①

なまえ

✿「」を 正しい ところに かきましょう。

① 「いいですね。」

② 「こんにちは。」

③ 「さようなら。」

〈ヒント〉
ことばを ギュッと はさみこむかんじで かきます（上下に はんマスの アキ）。

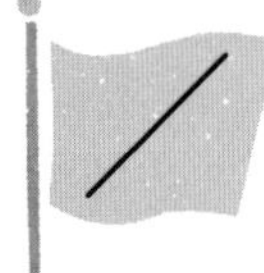

10 「」のへやは？ ②

なまえ

✿ 「、」と「。」を 正しい ところに かきましょう。

① うん、いいね。

② さあ、いくよ。

③ お、おいしい。

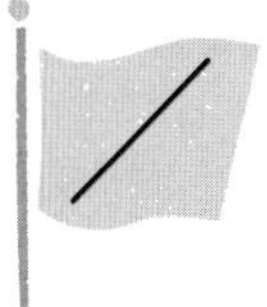

11 せりふを　かこもう　①

なまえ

✿ 文中(ぶんちゅう)の　かいわや、しゃべっている　ところを「　」で　かこみましょう。

① あさごはんを　たべて　いるときの　ことです。「きのうの、雨(あめ)は　すごかったね。」と　ききました。

② おかあさんが、おふろを　あらってくれない。と　いったので、いいよ。と　へんじしました。

③ おとうとが、へんな　ヘビを　つかまえたんだけど。と見(み)せに　きました。ツチノコだよ。と　おしえました。

11 せりふを かこもう ②

なまえ

文中の かいわや、しゃべっている ところを「 」で かこみましょう。

① 「かわいい。」さんぽを している いぬが いました。ポメラニアンだね。メアリーは いいました。

② やったー。ジョンが シュートを きめました。すごい！ すごいよ。ぼくは おおごえで さけびました。

③ メイさんが、クラスで、おにごっこを します。と いいました。おには、一ぱんです。と つけたしました。

12 なにが、なにする文 ①

なまえ

❀ ことばを　せんで　むすんで、文(ぶん)を　つくりましょう。

① ねこが　・　　・　ふる。

② ゆきが　・　　・　かなう。

③ ゆめが　・　　・　さく。

④ バラが　・　　・　なおる。

⑤ きずが　・　　・　なく。

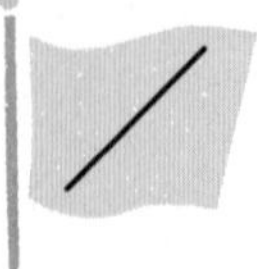

12 なにが、なにする文 ②

なまえ

ことばを　せんで　むすんで、文(ぶん)を　つくりましょう。

① カエルが　・　　・　かがやく。

② みかんが　・　　・　はねる。

③ カレーが　・　　・　すぎる。

④ ほしが　・　　・　みのる。

⑤ じかんが　・　　・　できあがる。

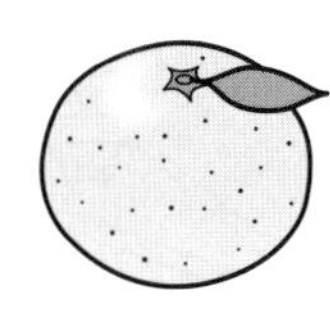

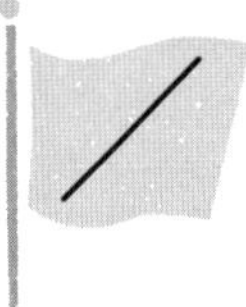

12 なにが、なにする文 ③

なまえ

✿ ことばを　せんで　むすんで、文（ぶん）を　つくりましょう。

① コンサートが・　・とうちゃくする。

② でんしゃが・　・はじまる。

③ ぼうけんが・　・あばれる。

④ カピバラが・　・ひらかれる。

⑤ かいじゅうが・　・ねている。

12 なにが、なにする文 ④

なまえ

✿ ことばを □ の中から えらんで、文を つくりましょう。

① アザラシ が

② ひこうき が

③ たんぽぽ が

④ あかちゃん が

⑤ せんしゅ が

さく。
つくる。
とぶ。
ながれる。
はしる。
ひかる。
ほほえむ。
およぐ。

13 なには、どんなだ文①

なまえ

ことばを　せんで　むすんで、文(ぶん)を　つくりましょう。

① カエルは・　　・くだものだ。

② みかんは・　　・いきものだ。

③ カレーは・　　・のみものだ。

④ メダカは・　　・たべものだ。

⑤ ミルクは・　　・さかなだ。

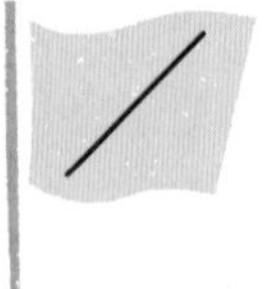

13 なには、どんなだ文 ②

なまえ

✿ □から ことばを えらんで、文(ぶん)を つくりましょう。

① ゾウ は

② タンポポ は

③ バナナ は

④ モノレール は

⑤ トンボ は

デザートだ。
きんぞくだ。
しょくぶつだ。
とりだ。
のりものだ。
こんちゅうだ。
どうぶつだ。

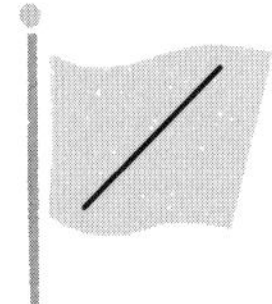

14 なには、なんだ文 ①

なまえ

ことばを　せんで　むすんで、文(ぶん)を　つくりましょう。

① カエルは ・　　・ あまい。

② みかんは ・　　・ からい。

③ カレーは ・　　・ あおい。

④ こおりは ・　　・ ひろい。

⑤ うみは ・　　・ つめたい。

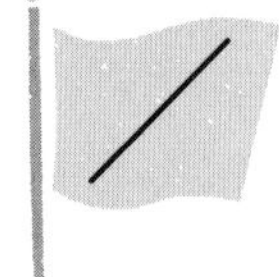

14 なには、なんだ文 ②

なまえ

□から ことばを えらんで、文(ぶん)を つくりましょう。

① ゾウは

② うみは

③ ケーキは

④ そらは

⑤ ボールは

おいしい。
たかい。
ふかい。
やすい。
まるい。
まぶしい。
あおい。
おもい。

15

うごけ！ ロボット！ ①

なまえ

あいうえおで　はじまる　ロボットを　うごかす　めいれいを　つくりましょう。

さ	し	す	せ	そ
さかあがりを　する。				

15 うごけ！ロボット！②

なまえ

たちつてとで　はじまる　ロボットを　うごかす　めいれいを　つくりましょう。

とてつちた

た　たこやきを　やく。

ち

つ

て

と

16 ことばの なかまわけ ①

なまえ

かくれている ことばを みつけ、なかまわけを しましょう。

カ	エ	ル	ク	ト	ト	サ
ン	ビ	コ	ア	ラ	キ	ク
ナ	ス	イ	セ	ン	ゴ	ラ
シ	ネ	ズ	ミ	ダ	リ	ア
ホ	ウ	セ	ン	カ	ラ	バ

どうぶつ
カエル

しょくぶつ
サクラ

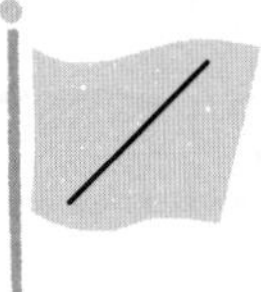

16 ことばの なかまわけ ②

なまえ

かくれている ことばを みつけ、なかまわけを しましょう。

ク	リ	ネ	ギ	モ	チ	バ
マ	ン	ゴ	ー	ヤ	｜	ナ
イ	ゴ	ブ	カ	ナ	ズ	ナ
タ	チ	ド	マ	シ	ソ	ス
ケ	イ	ウ	メ	ロ	ン	ビ

くだもの
メロン

たべもの
ゴーヤ

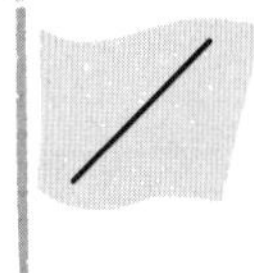

16 ことばの　なかまわけ　③

なまえ

かくれている　ことばを　みつけ、なかまわけを　しましょう。

ギ	コ	ギ	ナ	ウ	オ	ア
ン	バ	カ	ン	モ	レ	カ
ザ	ン	レ	ラ	タ	ン	キ
メ	ザ	イ	ベ	ン	ジ	ア
キ	メ	リ	ド	ミ	ズ	イ

いろ：アカ

さかな：アジ

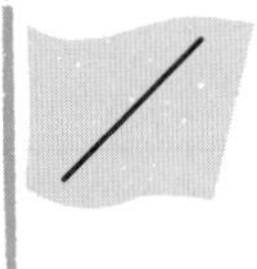

16

ことばの なかまわけ ④

なまえ

かくれている ことばを みつけ、なかまわけを しましょう。

カ	メ	ラ	ク	ガ	ラ	ス
マ	セ	ハ	シ	バ	ッ	タ
キ	ミ	チ	タ	ッ	パ	ガ
リ	カ	ブ	ト	ム	シ	メ
コ	オ	ロ	ギ	タ	ン	ス

もの	
カメラ	

こんちゅう	
カブトムシ	

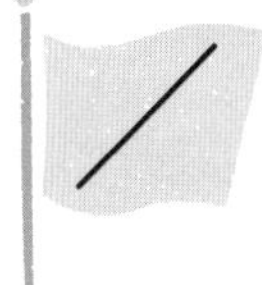

17 ～を～に文 ①

なまえ

✿ わたしは、～を ～に の 文(ぶん)を つくりましょう。

わたしは、

① テスト を おかあさん に わたした 。

② を に 。

③ を に 。

④ を に 。

なにを？
たまごやき
テスト
トロフィー
さとう

なにに？
みんな
コーヒー
おとうと
おかあさん

どうした？
いれた
わたした
あげた
みせた

17 ～を～に文 ②

なまえ

わたしは、～を　～に　の　文(ぶん)を　つくりましょう。

わたしは、

① きびだんご を いぬ に あげた 。
（なにを？）（なにに？）（どうした？）

② を に 。

③ を に 。

④ を に 。

なにを？
たまてばこ
きびだんご
きんのおの
ほうせき

なにに？
きこり
つばめ
たろう
いぬ

どうした？
わたした
あげた
てわたした
あたえた

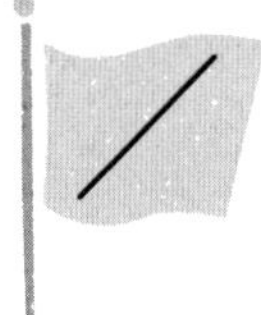

18 〜に〜を文 ①

なまえ

✿ わたしは、〜に 〜を の 文（ぶん）を つくりましょう。

わたしは、

	なにに？		なにを？		どうした？	
①	おやつ	に	バナナ	を	いれなかった	。
②		に		を		。
③		に		を		。
④		に		を		。

なにに？
おやつ
せんせい
ともだち
おさら

なにを？
けしごむ
カレー
しゅくだい
バナナ

どうした？
いれた
いれなかった
かした
わたした

18 ～に～を文 ②

なまえ

わたしは、～に　～を　の　文（ぶん）を　つくりましょう。

わたしは、

① せんし（なにに？） に けん（なにを？） を あたえた（どうした？） 。

② に を 。

③ に を 。

④ に を 。

なにに？
せんし
ドラゴン
しょうにん
ふくろ

なにを？
ゴールド
やくそう
にく
けん

どうした？
つめこんだ
あたえた
はらった
たべさせた

19

ばらばらことばづくり ①

文字(もじ)を　くみあわせて、ことばを　つくりましょう。

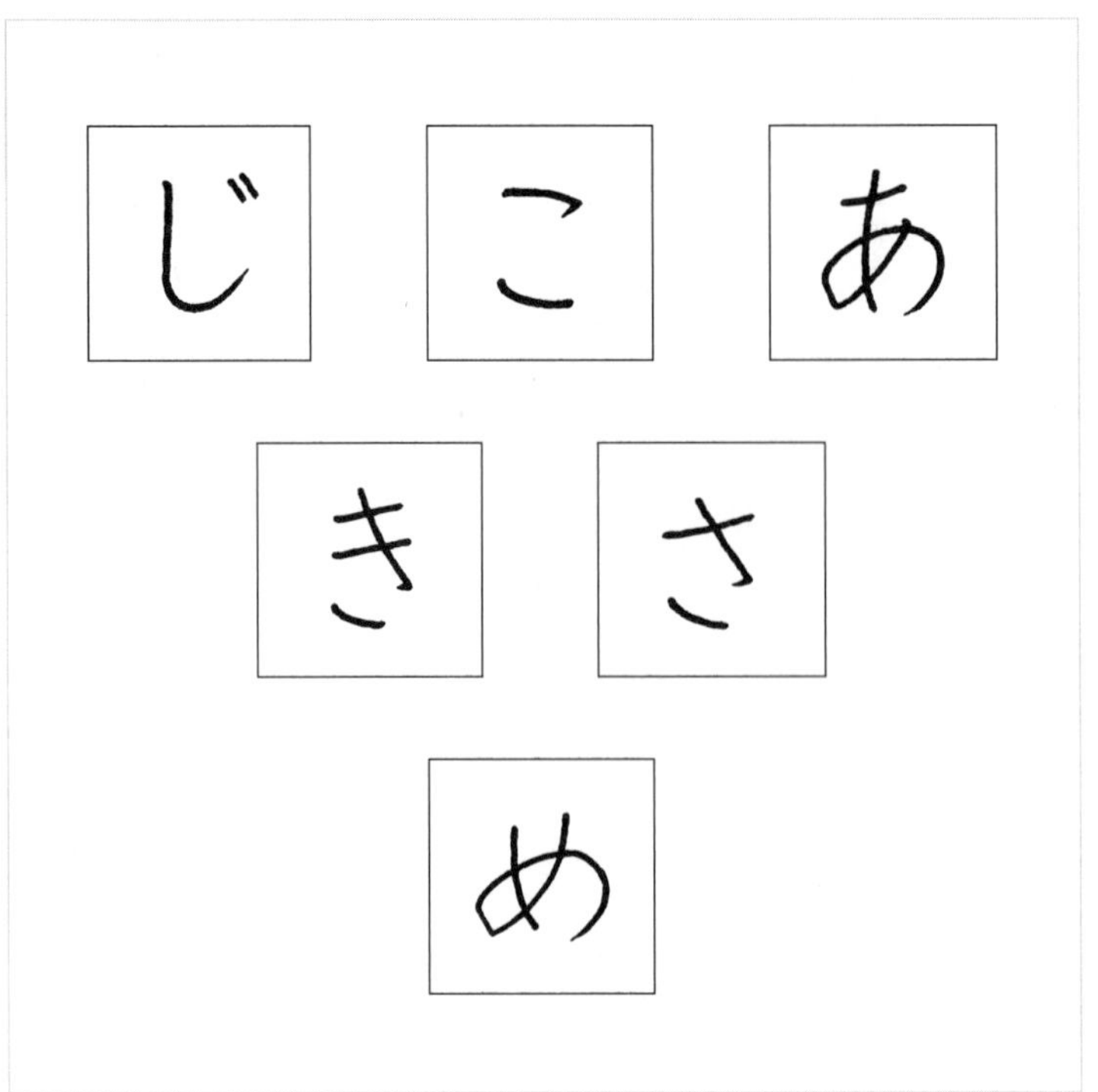

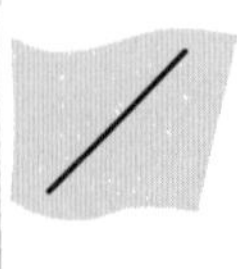

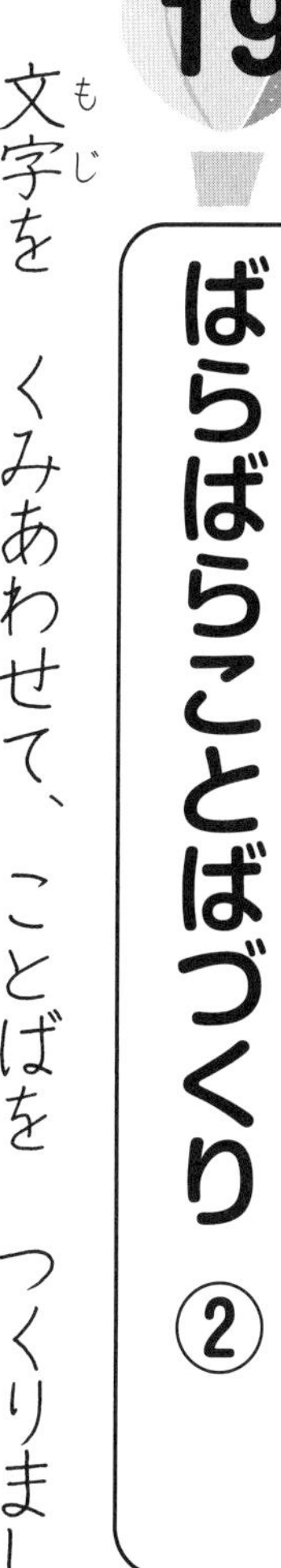

19 ばらばらことばづくり②

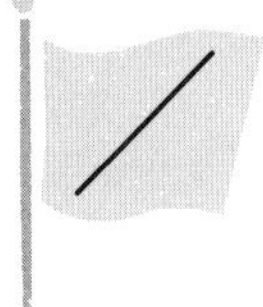

文字（もじ）を　くみあわせて、ことばを　つくりましょう。

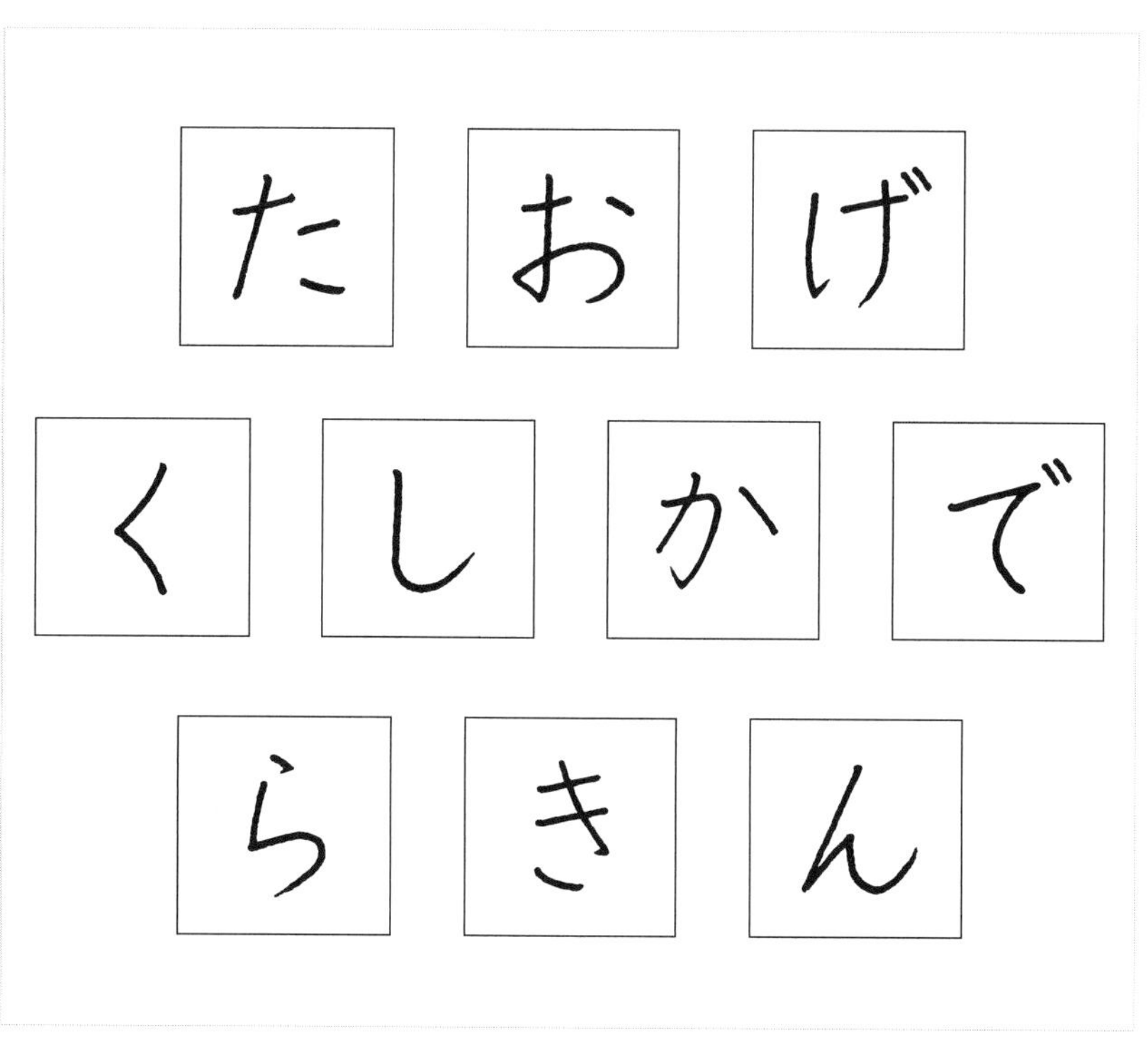

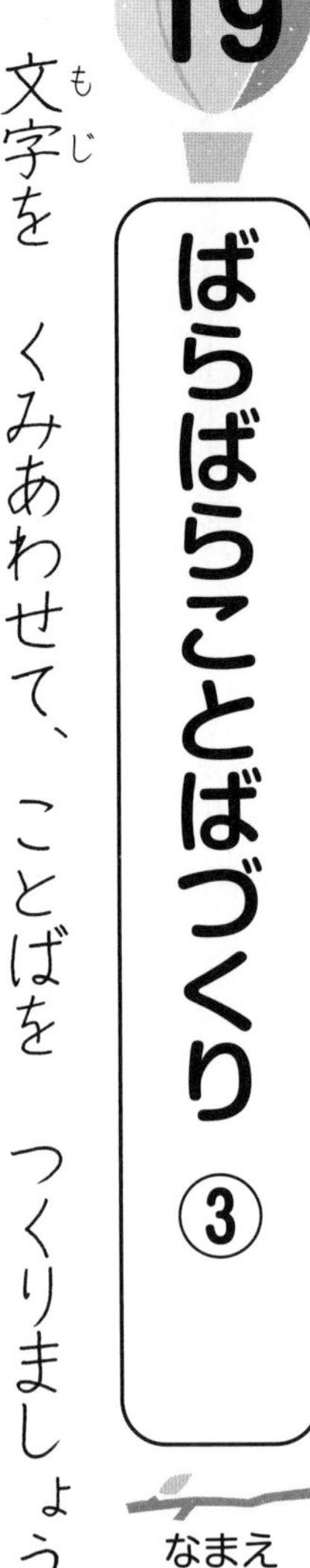

19 ばらばらことばづくり ③

なまえ

文字（もじ）を　くみあわせて、ことばを　つくりましょう。

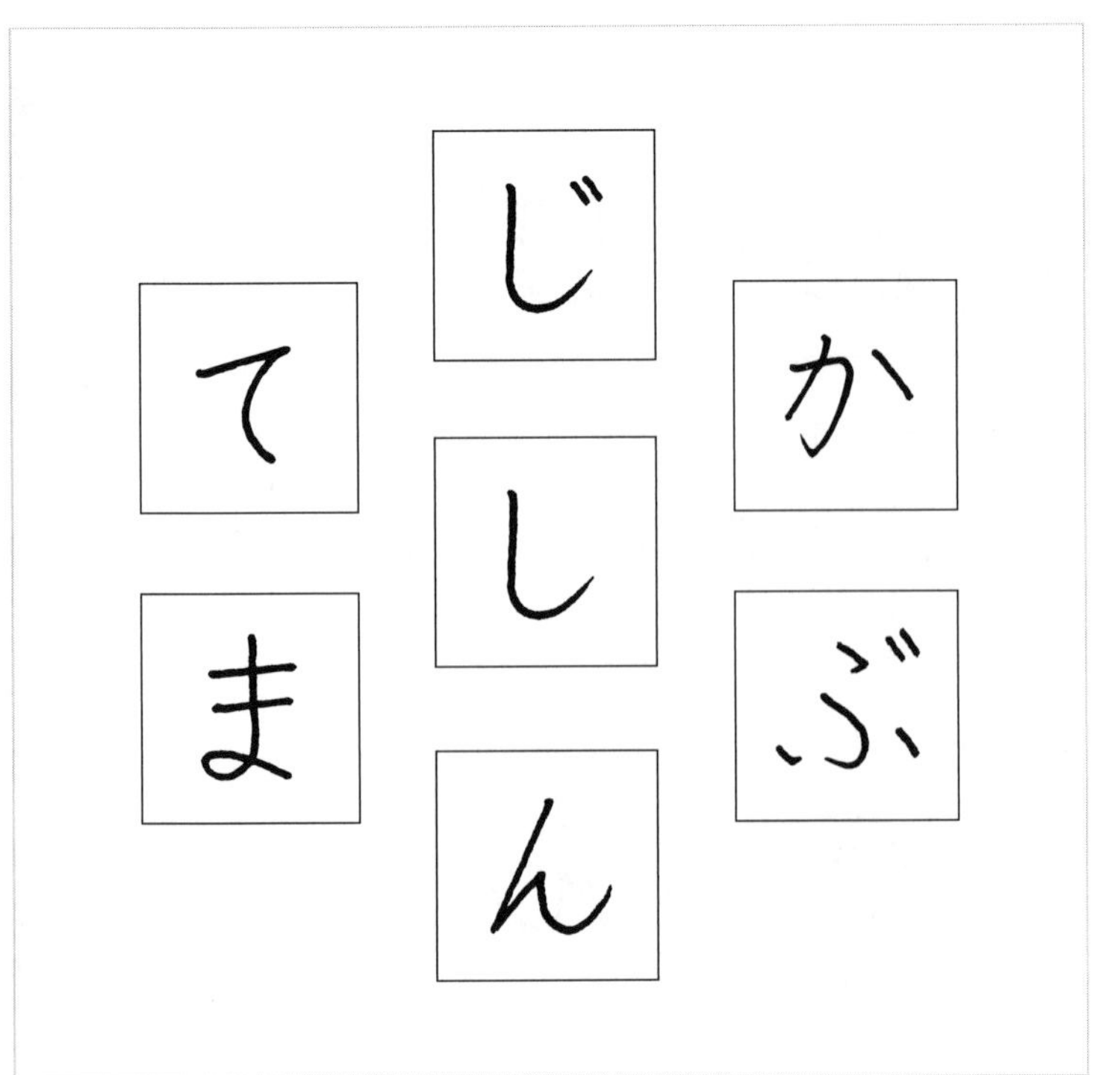

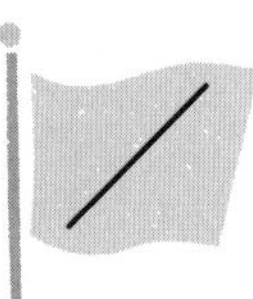

19

ばらばらことばづくり ④

なまえ

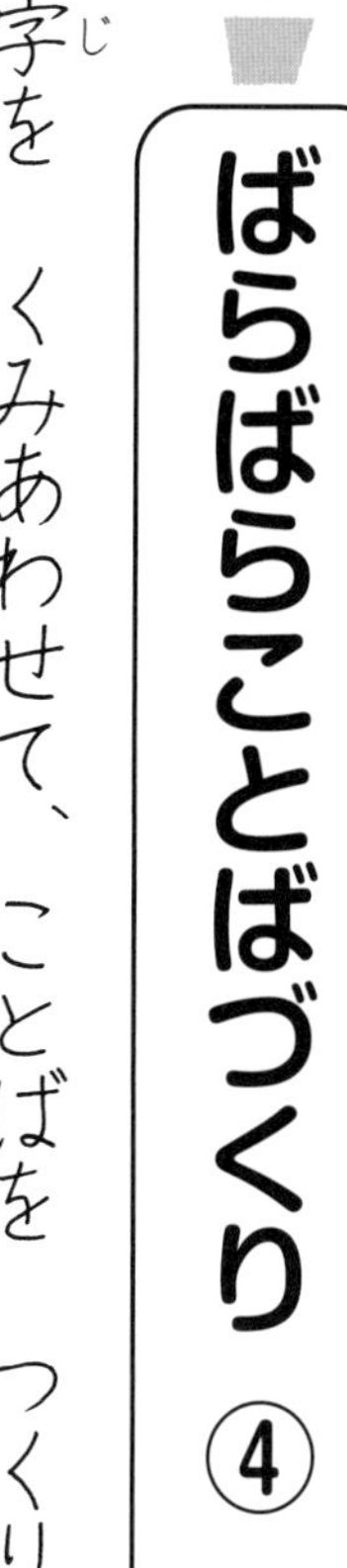

文字(もじ)を　くみあわせて、ことばを　つくりましょう。

け

ん　か

き　い　お　す

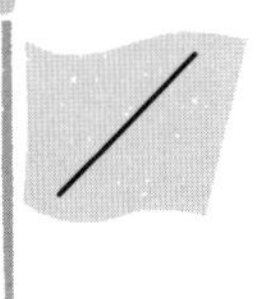

20 だれどこ文 ①

なまえ

✿ だれが、どこで、どうしたかの　文を　つくりましょう。

①　タロウ　は　プール　で　およぎまくった　。
（だれ？）（どこ？）（どうした？）

②　は　で　。

③　は　で　。

④　は　で　。

だれ？

ポチ
タロウ
いもうと
おとうと

どこ？

としょかん
いけ
こうえん
プール

どうした？

つりをした
およぎまくった
どくしょをした
はしりまわった

20 だれどこ文 ②

なまえ

✿ だれが、どこで、どうしたかの 文（ぶん）を つくりましょう。

	だれ？		どこ？		どうした？	
①	メアリ	が	うみ	へ		。
②		が		へ		。
③		が		へ		。
④		が		へ		。

だれ？
マイケル
メアリ
とり
ゾウ

どこ？
おおぞら
まち
うちゅう
うみ

どうした？
にげだした
とびこんだ
はばたいた
とびたった

21 いつなに文 ①

なまえ

いつ、なにが、どうしたかの 文を つくりましょう。

① きのう、たいふうが　　。（いつ？ なに？ どうした？）

② 、が　　。

③ 、が　　。

④ 、が　　。

いつ？
さっき
きのう
むかし
きょねん

なに？
きょうりゅう
マンション
パトカー
たいふう

どうした？
たてられた
やってきた
すんでいた
とおった

21 いつなに文 ②

なまえ

いつ、なにが、どうするかの　文（ぶん）を　つくりましょう。

① あさって（いつ？）、たいふう（なに？）が（どうする？）。

② 、が。

③ 、が。

④ 、が。

いつ？
あした
あさって
いつか
このあと

なに？
たからくじ
アニメ
えんそく
たいふう

どうする？
はじまる
やってくる
あたるかも
ある

22 だれがだれと文 ①

なまえ

❀ だれが、だれと、どうしたかの　文(ぶん)を　つくりましょう。

だれ？　だれ？　どうした？

① おとうさん が どろぼう と 　。

② 　が 　と 　。

③ 　が 　と 　。

④ 　が 　と 　。

だれ？

いもうと
おとうさん
おかあさん
おじいさん

だれ？

アイドル
おばあさん
おとうと
どろぼう

どうした？

あそびにきた
たたかった
おどった
なかなおりした

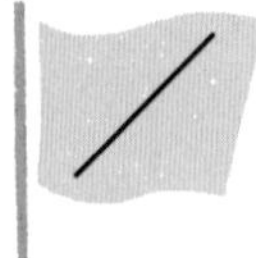

22 だれがだれと文 ②

なまえ

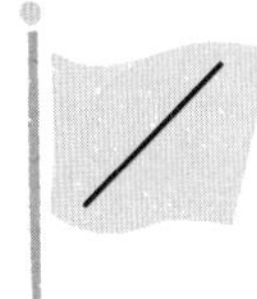

だれが、だれと、どうしたかの　文(ぶん)を　つくりましょう。

だれ？　だれ？　どうした？

① トム が ジェリー と 。

② が と 。

③ が と 。

④ が と 。

だれ？

タロウ
トム
ウサギ
ゆうしゃ

だれ？

カメ
まおう
おに
ジェリー

どうした？

はなしあった
けんかした
あらそった
たたかった

23 あてはめ文 ①

なまえ

✿ □の ことばを ならべかえて、文を つくりましょう。

① いっとう が あたる 。

が いっとう あたる 。

②

は 。 あまい プリン

③

は メダカ 。 さかなだ

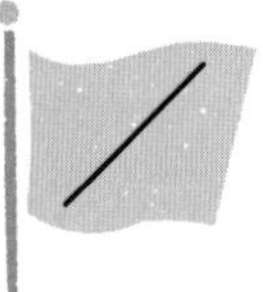

23 あてはめ文 ②

なまえ

✿ □の ことばを ならべかえて、文を つくりましょう。

① チーター は はやく はしる 。

はしる は はやく 。 チーター

②

もぐる は ふかく 。 くじら

③

たべる は ゆっくり 。 うし

23 あてはめ文 ③

なまえ

✿ □の ことばを ならべかえて、文を つくりましょう。

①

ゆうひ が とても あかい 。

あかい が とても 。 ゆうひ

②

おもい は すごく 。 ゾウ

③

かたい は かなり 。 ダイヤ

23 あてはめ文 ④

なまえ

□の ことばを ならべかえて、文(ぶん)を つくりましょう。

①

マグロ は おおきい さかなだ 。

さかなだ は おおきい 。 マグロ

②

くだものだ は おいしい 。 マンゴー

③

いきものだ は ふしぎな 。 カモノハシ

24 くんよみチャレンジ！①

なまえ

✿ かん字(じ)の　よみかたを　かきましょう。

① 大きい（　）

② 小さい（　）

③ 足りる（　）

④ 生きる（　）

⑤ 早い（　）

⑥ 出る（　）

⑦ 入る（　）

⑧ 立つ（　）

⑨ 正しい（　）

⑩ 休む（　）

⑪ 学ぶ（　）

⑫ 見える（　）

24

くんよみチャレンジ！ ②

なまえ

／

かん字(じ)の　よみかたを　かきましょう。

① 天（　　）のがわ

② 土（　　）を　ほる

③ 町（　　）に　いく

④ 村（　　）に　いく

⑤ 名（　　）まえ

⑥ 白（　　）い　くも

⑦ 円（　　）い

⑧ 年（　　）を　とる

⑨ 力（　　）を　だす

⑩ 林（　　）の　なか

⑪ 文（　　）を　かく

⑫ 本（　　）を　よむ

24 くんよみチャレンジ！ ③

なまえ

✿ かん字(じ)の よみかたを かきましょう。

① 手を（　　）とる
② 糸を（　　）まく
③ 空を（　　）みる
④ 車に（　　）のる
⑤ 田（　　）うえ
⑥ 竹（　　）うま
⑦ 中を（　　）みる
⑧ 立（　　）つ
⑨ 草を（　　）ぬく
⑩ 先を（　　）よむ
⑪ 石を（　　）ける
⑫ 虫を（　　）とる

24 くんよみチャレンジ！④

なまえ

かん字(じ)の　よみかたを　かきましょう。

① 一（　　）ぽん

② 二（　　）ほん

③ 三（　　）ぼん

④ 四（　　）ほん

⑤ 五（　　）ほん

⑥ 六（　　）ぽん

⑦ 七（　　）ほん

⑧ 八（　　）ほん

⑨ 九（　　）ほん

⑩ 十（　　）ぽん

⑪ 火（　　）が　つく

⑫ 水（　　）を　のむ

25 おはへの なぞり ①

なまえ

✿ 正（ただ）しい ことばを えらんで、文（ぶん）を なぞりましょう。

① お を
かし
お を
つくる。

② お を
かね
お を
ためる。

③ お を
んど
お を
はかる。

④ お を
うち
お を
たずねる。

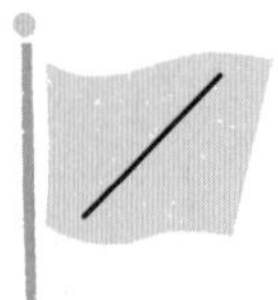

郵 便 は が き

料金受取人払郵便

大阪北局
承 認
247

差出有効期間
2024年５月31日まで
※切手を貼らずに
お出しください。

５３０-８７９０

１５４

大阪市北区兎我野町15－13
ミユキビル

フォーラム・Ａ
愛読者係 行

愛読者カード ご購入ありがとうございます。

フリガナ		性別	男 ・ 女
お名前		年齢	歳
TEL FAX	（ ）	ご職業	
ご住所	〒 －		
E-mail	@		

ご記入いただいた個人情報は、当社の出版の参考にのみ活用させていただきます。
第三者には一切開示いたしません。

□学力がアップする教材満載のカタログ送付を希望します。

●ご購入書籍・プリント名

●ご購入店舗・サイト名等（　　　　　　　　　　　　　　　　　　　　　　）

●ご購入の決め手は何ですか？（あてはまる数字に○をつけてください。）

1．表紙・タイトル　2．中身　3．価格　4．SNSやHP

5．知人の紹介　6．その他（　　　　　　　　　　　　　　　）

●本書の内容にはご満足いただけたでしょうか？（あてはまる数字に○をつけてください。）

たいへん満足　5　4　3　2　1　不満

●本書の良かったところや改善してほしいところを教えてください。

●ご意見・ご感想、本書の内容に関してのご質問、また今後欲しい商品のアイデアがありましたら下欄にご記入ください。

ご協力ありがとうございました。

★ご感想を小社HP等で匿名でご紹介させていただく場合もございます。　□可　□不可

★おハガキをいただいた方の中から抽選で10名様に2,000円分の図書カードをプレゼント！
当選の発表は、賞品の発送をもってかえさせていただきます。

25 おはへの なぞり ②

正(ただ)しい ことばを えらんで、文(ぶん)を なぞりましょう。

なまえ

① おを とうさん が、 おを すし おを にぎる。

② おを そうじ の おを てつだい おを する。

③ おを へや で おを んがく おを きく。

④ おを かあさん が、 おを やつ おを つくる。

25 おはへの　なぞり ③

なまえ

正しい　ことばを　えらんで、文を　なぞりましょう。

① わ｜は たし わ｜は だいじょうぶです。

② わ｜は なげ わ｜は こつが　あります。

③ わ｜は るぐち わ｜は いいません。

④ わ｜は たがし わ｜は あまいです。

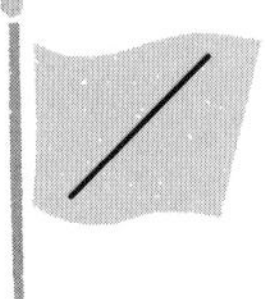

25 おはへの なぞり ④

なまえ

正(ただ)しい ことばを えらんで、文(ぶん)を なぞりましょう。

①
わ は たしたち
わ は
わ は すれもの
わ は ない。

②
わ は れわれ
わ は
わ は りばし
わ は もっている。

③
わ は がやに
わ は
わ は しつ
わ は ない。

④
わ は たがし
わ は
わ は たしに
わ は あまずぎる。

25 おはへの　なぞり　⑤

なまえ

正しい　ことばを　えらんで、文を　なぞりましょう。

①
え　へ
き
え　へ
むかう。

②
え　へ
いがかん
え　へ
いく。

③
え　へ
んにち
え　へ
でかける。

④
え　へ
いこく
え　へ
りょこうする。

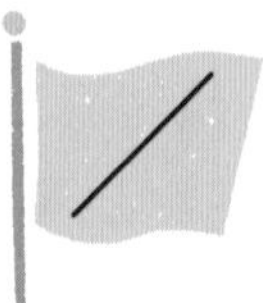

25 おはへの　なぞり ⑥

正(ただ)しい　ことばを　えらんで、文(ぶん)を　なぞりましょう。

なまえ

①
え　へ
だまめ
を
え　へ
んがわ
え　へ
もっていく。

②
え　へ
がお
で
え　へ
んそく
え　へ
いく。

③
え　へ
んぎ
で
え　へ
んとつ
え　へ
のぼる。

④
え　へ
んじ
が、
え　へ
んがい
え　へ
とびだした。

25 おはへの　なぞり ⑦

なまえ

✿ 正しい　ことばを　えらんで、文を　なぞりましょう。

① アン［は／わ］クッキー［を／お］ともだち［え／へ］おくった。

② ちち［は／わ］おとうと［を／お］ゴール［え／へ］みちびいた。

③ はは［は／わ］いもうと［を／お］プール［え／へ］いかせた。

④ おじ［は／わ］すまい［を／お］いなか［え／へ］うつす。

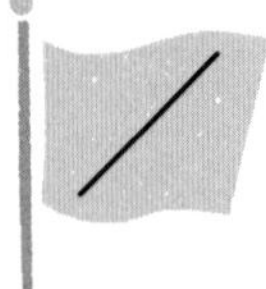

25 おはへの　なぞり ⑧

正(ただ)しい　ことばを　えらんで、文(ぶん)を　なぞりましょう。

なまえ

① トム（は・わ）なかま（え・へ）おたから（を・お）ゆずった。

② メイ（は・わ）おうさま（え・へ）マント（を・お）さしあげた。

③ はは（は・わ）あに（え・へ）てがみ（を・お）おくった。

④ おう（は・わ）ひめ（え・へ）ドレス（を・お）あげた。

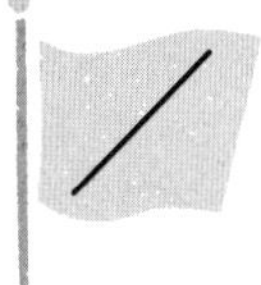

26

いけ！スーパーロボット①

ロボットの スイッチの かん字(じ)と せつめいを かきましょう。

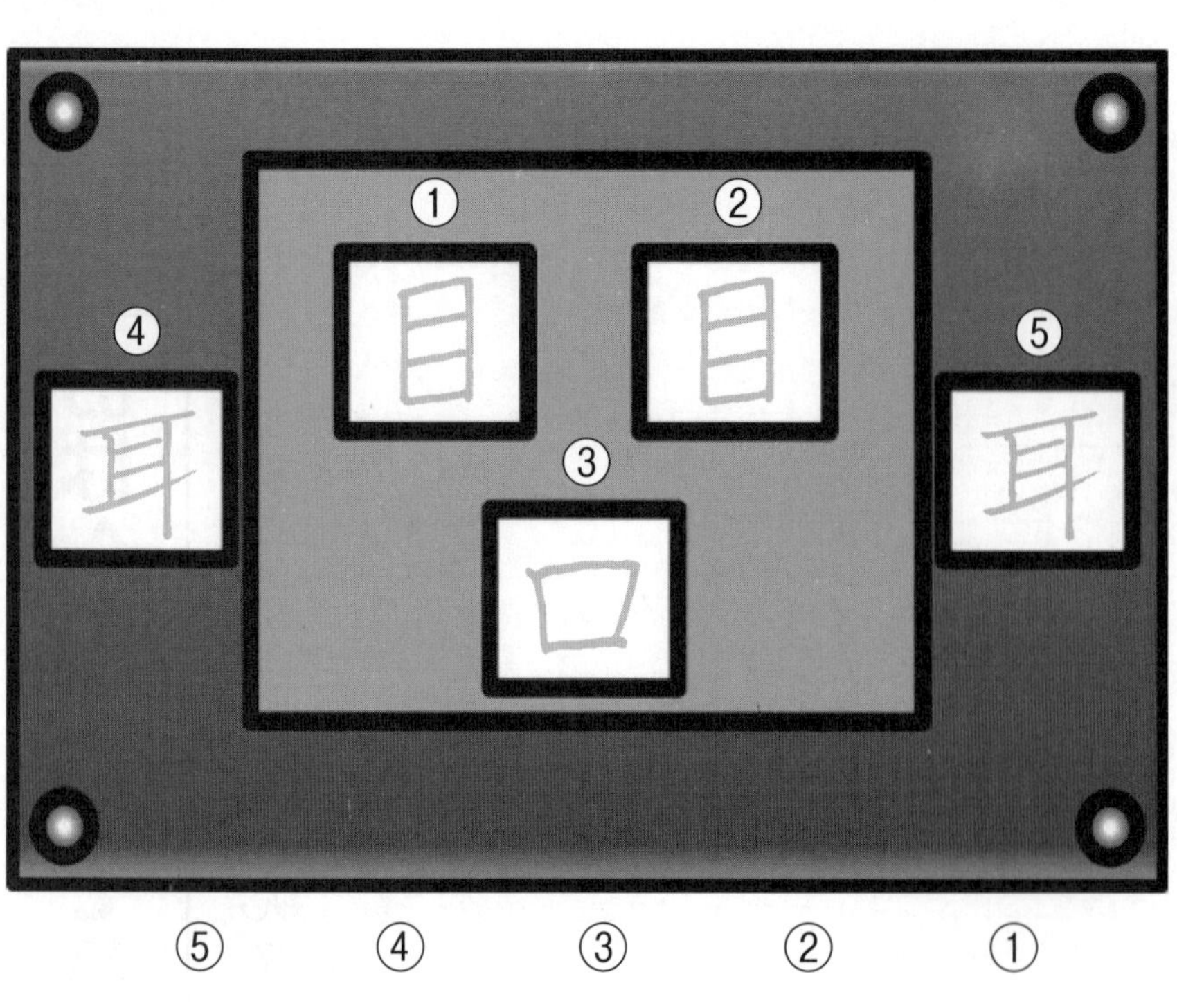

① 目

② 目

③ 口

④ 耳

どんなちいさいおとでもきく。

⑤ 耳

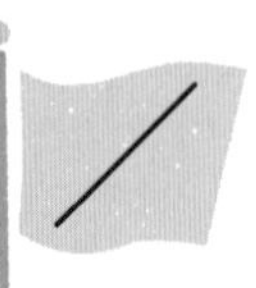

26

いけ！スーパーロボット②

なまえ

ロボットの　スイッチの　かん字と　せつめいを　かきましょう。

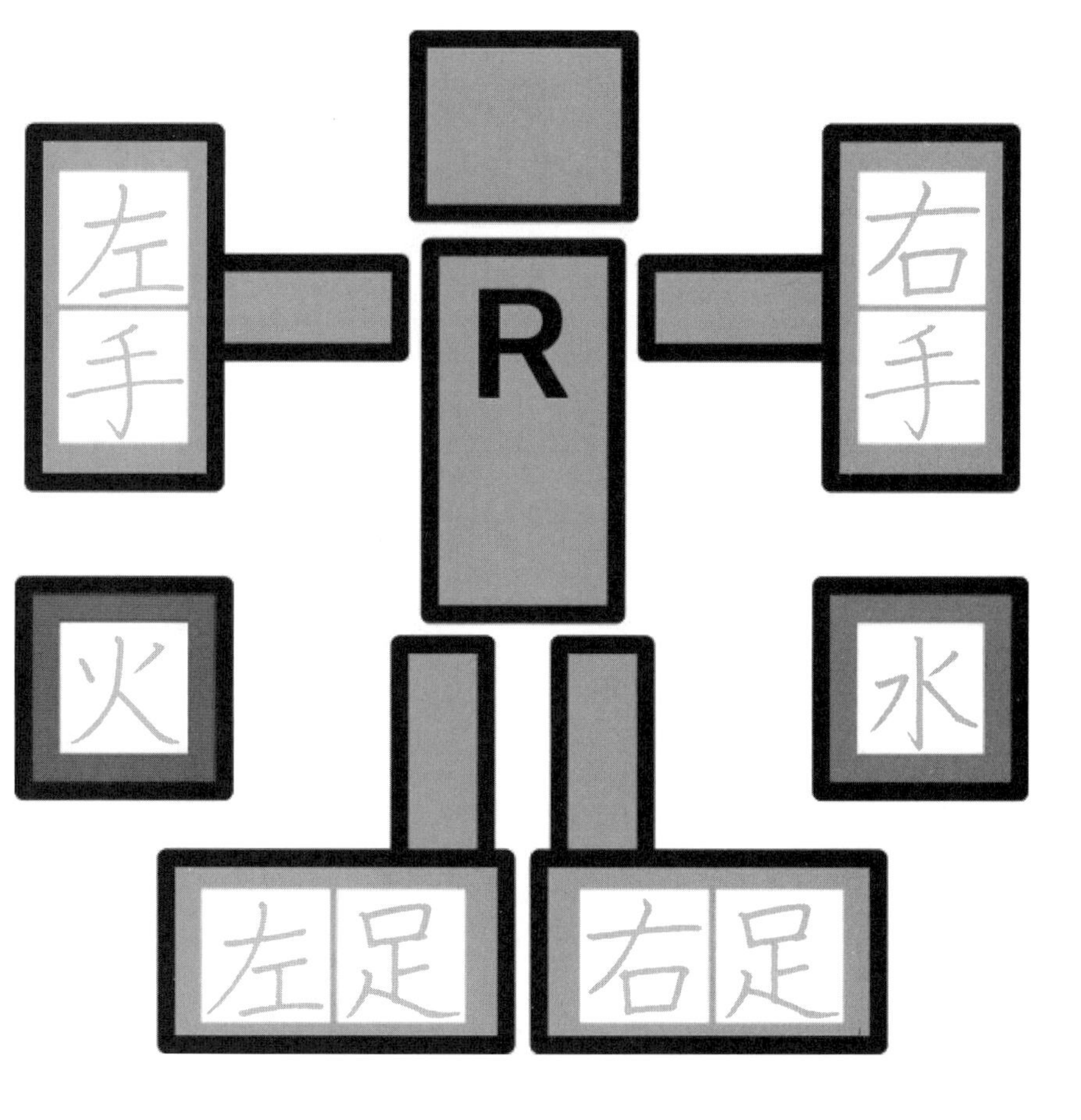

手　きょうりょくなパンチをだす。

足

火

水

／

27 カタカナ ルール①

なまえ

がいこくの くにや ばしょの 名[な]まえを カタカナに しましょう。

がいこくの くにの 名まえ

がいこくの ばしょの 名まえ

あめりか
ろーま
ふらんす
ばんこく
どいつ
はわい
ひろしま
なごや
すぺいん
ぐあむ
どばい
でんまーく

27

カタカナ　ルール②

なまえ

がいこくの　人(ひと)の　名(な)まえを　カタカナに　しましょう。

がいこくの　ゆうめいな　人の　名まえ

エジソン

まりー　えじそん　てれさ　たけし　でぃずにー　えりざべす

へれん　じゃんぬ　ころんぶす　たろう　れおなるど　まぜらん

27 カタカナ ルール ③

なまえ

❀ がいこくから きた ことばを カタカナに しましょう。

がいこくから きた ことば

エネルギー

あどばいす　えねるぎー　いめーじ　うちわ　きゃりあ　めんたる
きゃんせる　すとれす　ぽいんと　ほうき　ゆーもあ　ぷろぐらむ

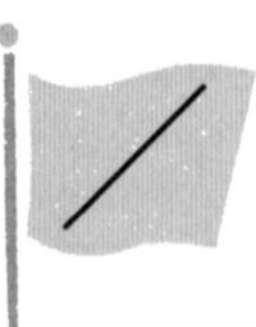

27

カタカナ　ルール ④

なまえ

ものの　音(おと)や　どうぶつの　なきごえを　カタカナに　しましょう。

ものの　音や　どうぶつの　なきごえ

ザブン

しとしと　ざぶん　じゅーじゅー　うちわ　ぱしゃぱしゃ　びゅーびゅー

どっかーん　うっほうっほ　ぴよぴよ　ほうき　ちゅんちゅん　かちゃかちゃ

28

文字(もじ)ふくわらい ①

なまえ

✿ かおに　かんけいする　かん字を　なぞって、しあげましょう。

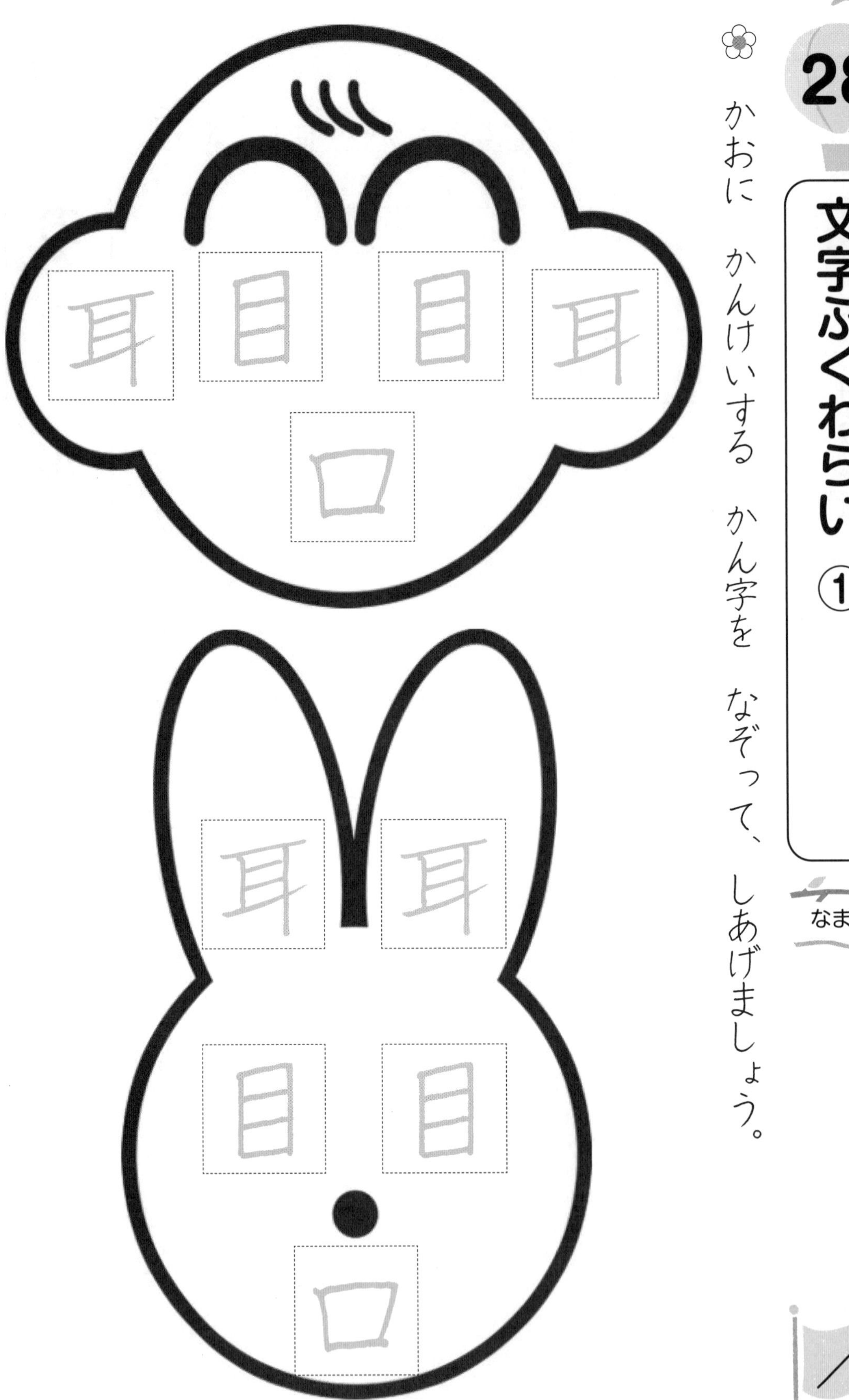

28

文字(もじ)ふくわらい ②

なまえ

かおに　かんけいする　かん字を　なぞって、しあげましょう。

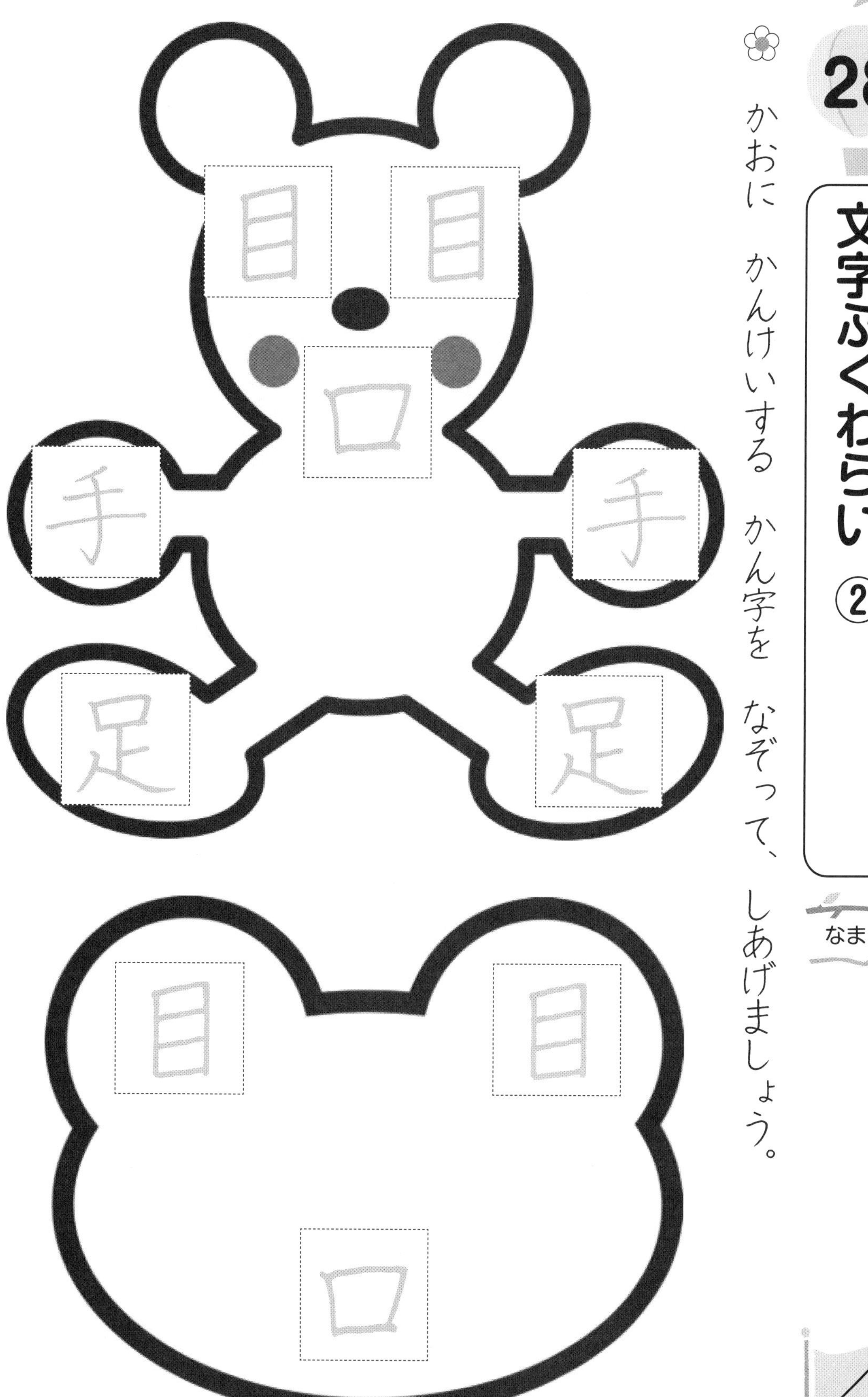

29 ペアじゅくご ①

なまえ

もとに なる かん字に べつの かん字を くみあわせて、ペアの じゅくごを つくりましょう。

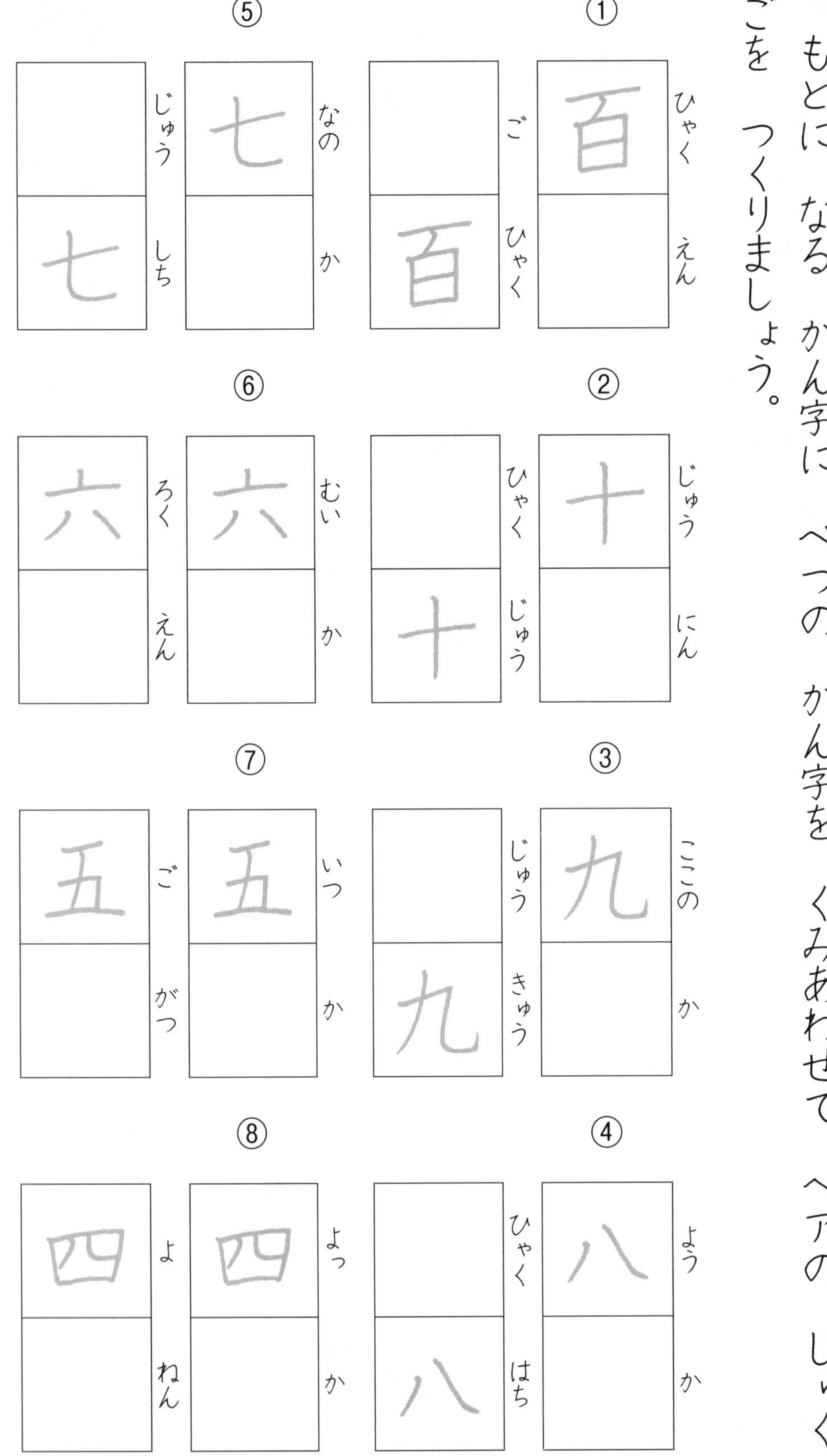

29 ペアじゅくご ②

なまえ

もとに なる かん字(じ)に べつの かん字を くみあわせて、ペアの じゅくごを つくりましょう。

① 三 みっ か ／ 三 さん めい

② 二 ふつ か ／ 二 ふた り

③ 一 つい たち ／ 一 いち じ

④ 大 たい ぼく ／ 名 めい ぼく

⑤ 大 だい しょう ／ 大 おとな

⑥ 小 しょう にん ／ 小 こ さめ

⑦ じょ 子 し ／ だん 子 し

⑧ 青 あお ぞら ／ 青 せい ねん

29 ペアじゅくご ③

なまえ

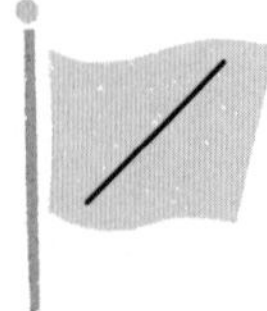

✿ もとに なる かん字に べつの かん字を くみあわせて、ペアの じゅくごを つくりましょう。

①
男（だん）□（じょ）
□（さん）男（なん）

②
女（おんな）□（で）
□（し）女（じょ）

③
□手（へた）
□手（じょうず）

④
空（くう）□（はく）
□（てん）空（くう）

⑤
見（けん）□（がく）
見（み）□（ほん）

⑥
学（がっ）□（こう）
□（ぶん）学（がく）

⑦
□（きゅう）校（こう）
□（げ）校（こう）

⑧
□（あか）虫（むし）
□（あお）虫（むし）

29 ペアじゅくご ④

なまえ

もとに　なる　かん字に　べつの　かん字を　くみあわせて、ペアの　じゅくごを　つくりましょう。

①
- ぶん 文 ／ ちゅう □
- ほん □ ／ ぶん 文

②
- しょう 正 ／ がつ □
- しょう 正 ／ き □

③
- に □ ／ じ 字
- も □ ／ じ 字

④
- やま 山 ／ かわ □
- さん 山 ／ すい □

⑤
- すい 水 ／ じょう □
- げ □ ／ すい 水

⑥
- う 雨 ／ てん □
- おお □ ／ あめ 雨

⑦
- じょう 上 ／ すい □
- じょう 上 ／ げ □

⑧
- した 下 ／ び □
- て □ ／ した 下

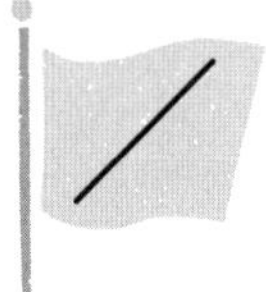

29 ペアじゅくご ⑤

なまえ

／

✿ もとに なる かん字(じ)に べつの かん字を くみあわせて、ペアの じゅくごを つくりましょう。

①
- □(つき) 日(ひ)
- □(ど) 日(にち)

②
- 火(か) □(りょく)
- □(ちゅう) 火(び)

③
- □(あお) 田(た)
- □(すい) 田(でん)

④
- 川(かわ) □(かみ)
- 川(かわ) □(しも)

⑤
- 竹(ちく) □(りん)
- □(あお) 竹(だけ)

⑥
- 月(つき) □(ひ)
- □(ねん) 月(げつ)

⑦
- 車(しゃ) □(ちゅう)
- □(いと) 車(ぐるま)

⑧
- 人(ひと) □(で)
- □(こ) 人(びと)

29 ペアじゅくご ⑥

なまえ

もとに なる かん字(じ)に べつの かん字を くみあわせて、ペアの じゅくごを つくりましょう。

① 気(き)□(りょく)　□(にん)気(き)

② 本(ほん)□(にん)　本(ほん)□(じつ)

③ 森(しん)□(りん)　□(あお)森(もり)

④ 出(で)□(いり)　□(にゅう)出(しゅつ)

⑤ 名(めい)□(じん)　名(みょう)□(じ)

⑥ 夕(ゆう)□(ひ)　□夕(たなばた)

⑦ 百(ひゃく)□(にん)　百(ひゃく)□(にち)

⑧ □(せん)円(えん)　□(せい)円(えん)

29 ペアじゅくご ⑦

なまえ

❀ もとに なる かん字に べつの かん字を くみあわせて、ペアの じゅくごを つくりましょう。

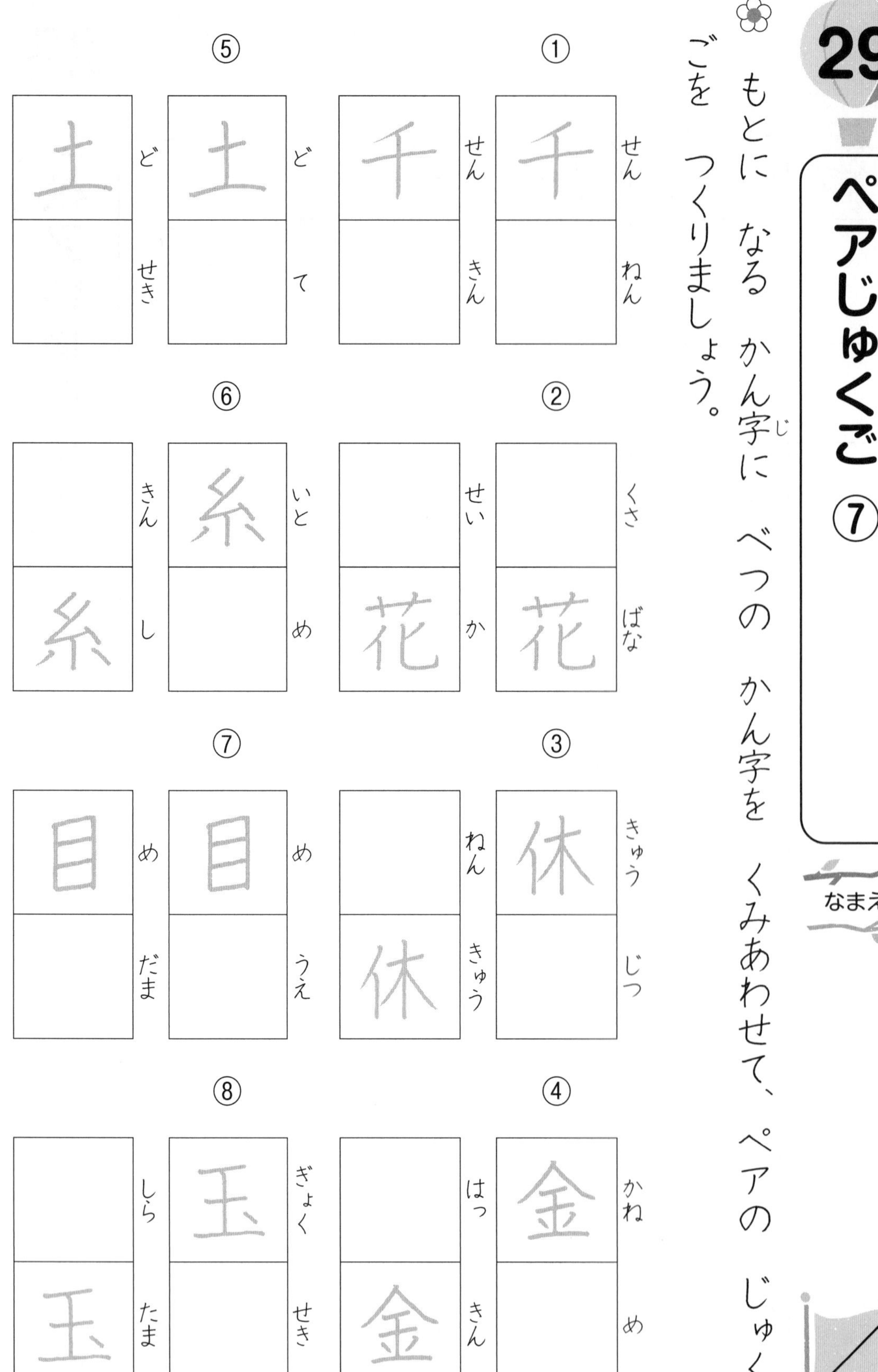

29 ペアじゅくご ⑧

なまえ

✿ もとに なる かん字に べつの かん字を くみあわせて、ペアの じゅくごを つくりましょう。

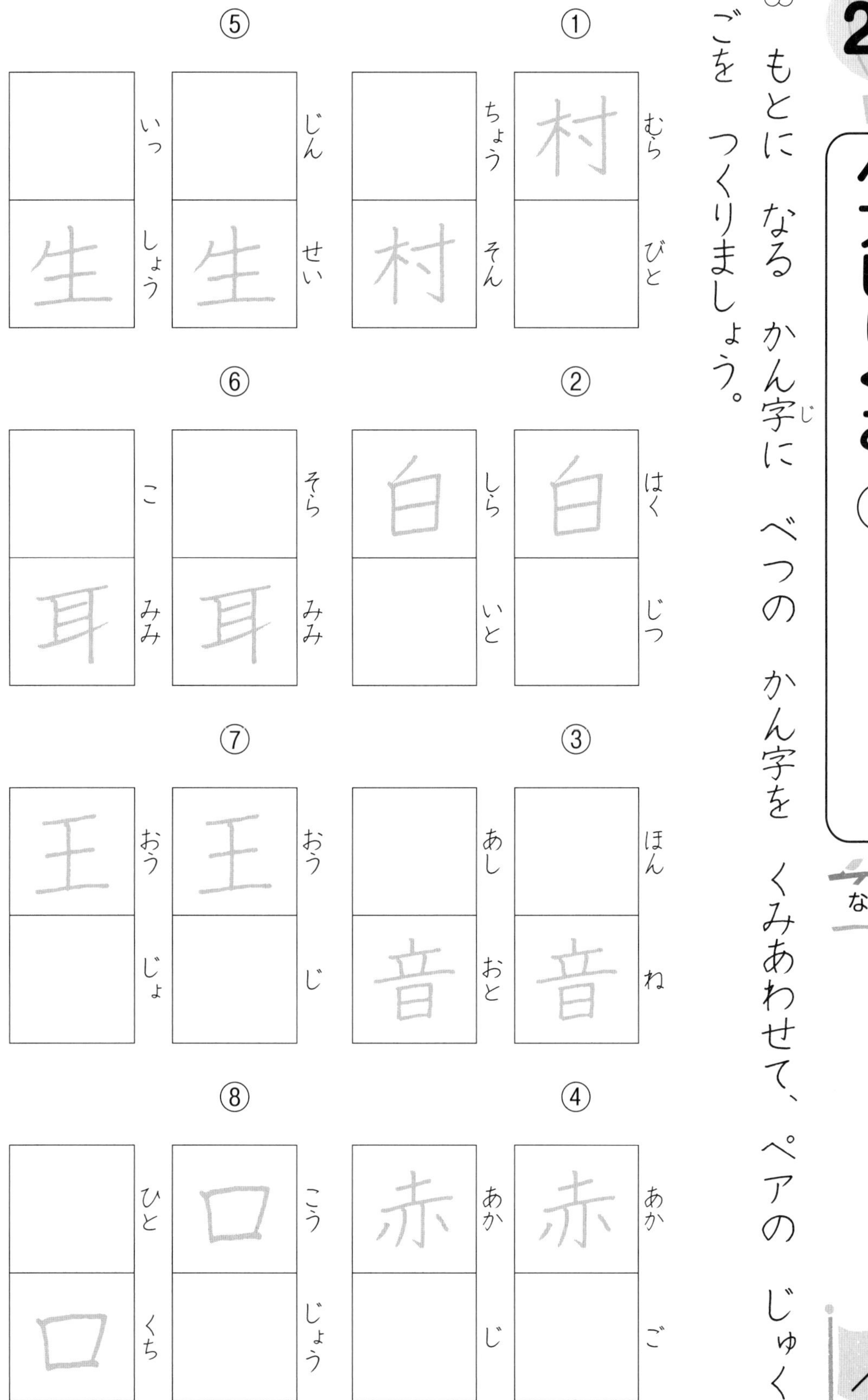

29 ペアじゅくご ⑨

なまえ

もとに なる かん字に べつの かん字を くみあわせて、ペアの じゅくごを つくりましょう。

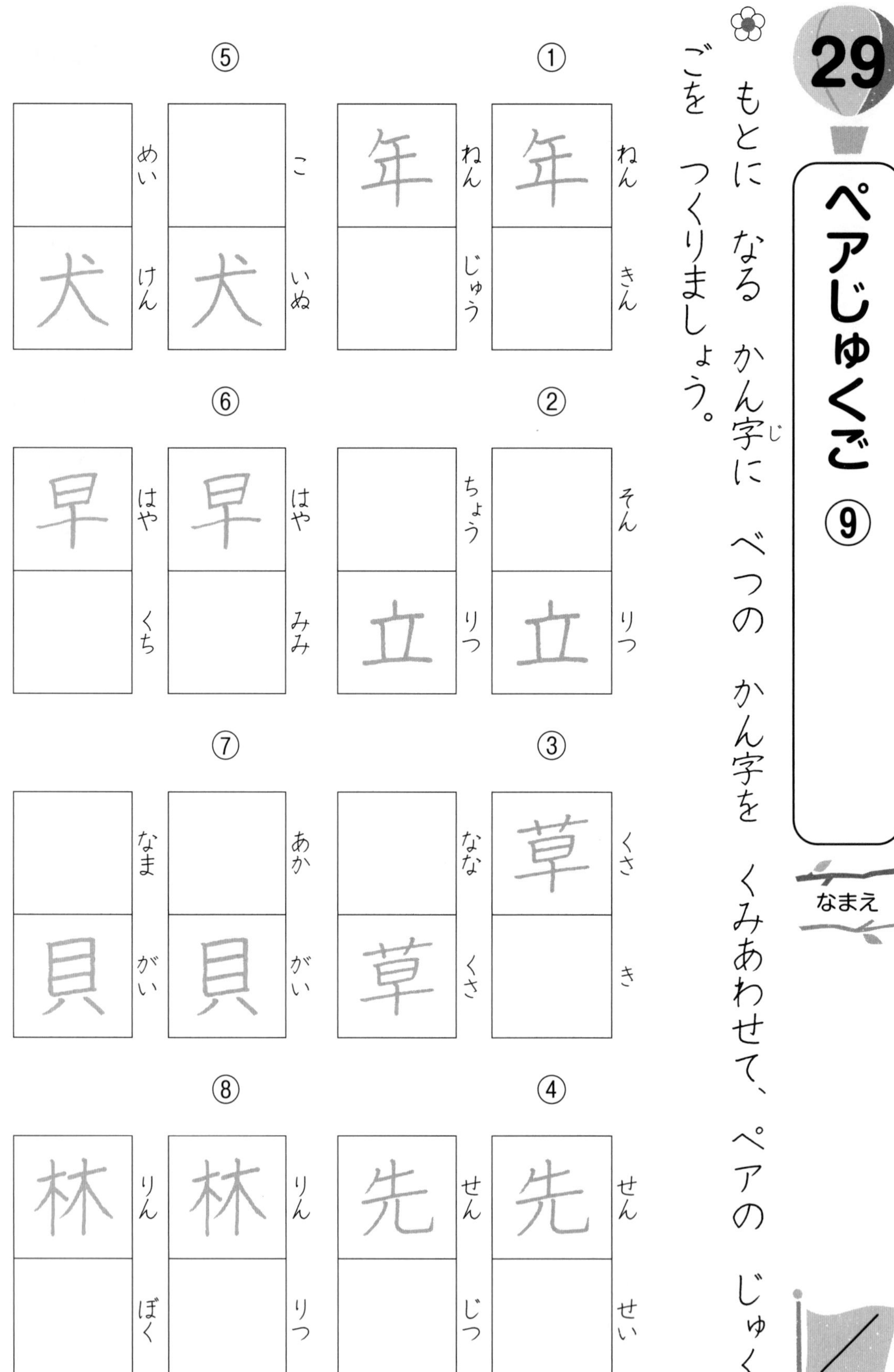

29 ペアじゅくご ⑩

なまえ

✿ もとに なる かん字に べつの かん字を くみあわせて、ペアの じゅくごを つくりましょう。

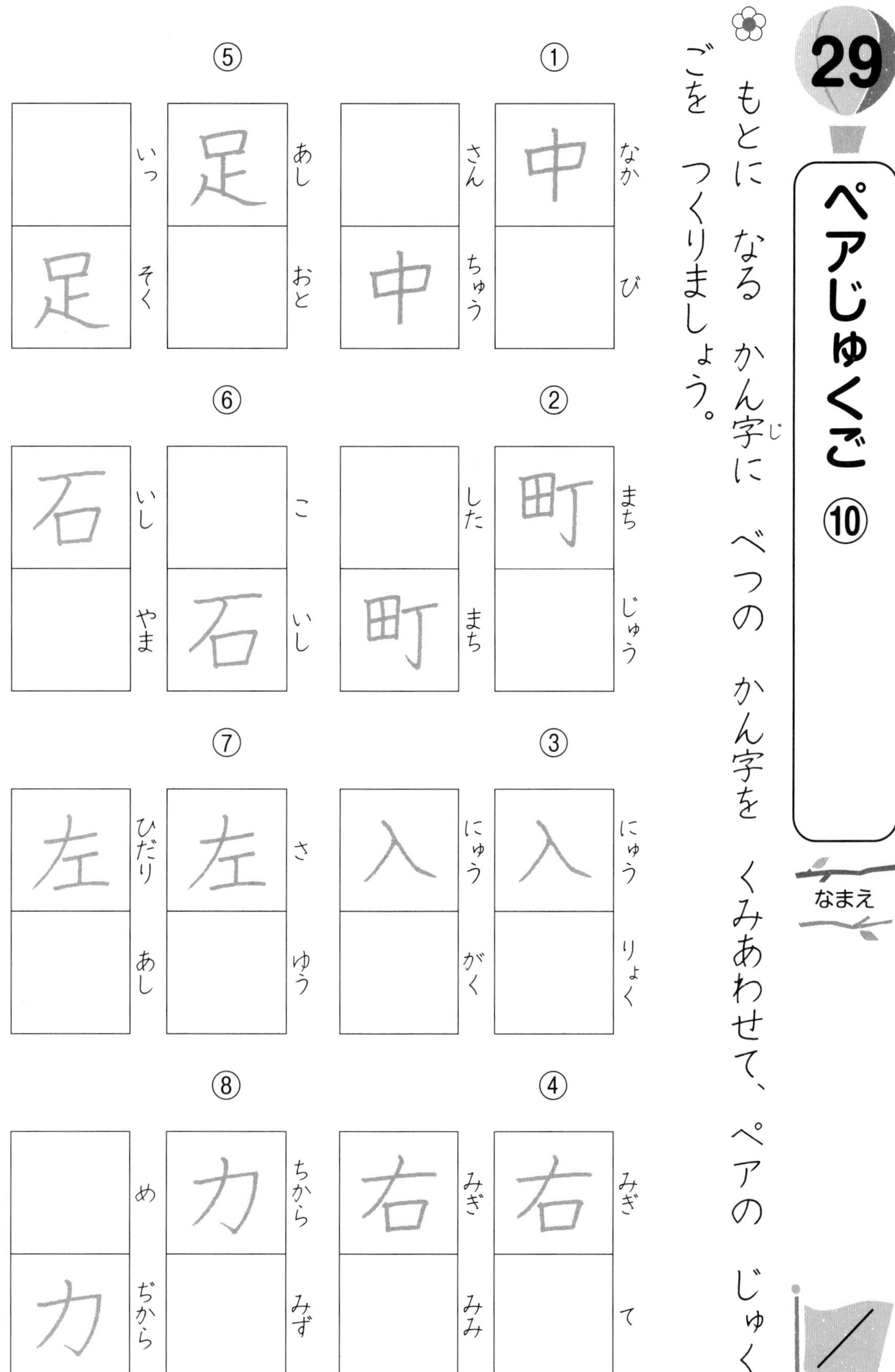

30 上下でじゅくご ①

上と 下に かん字を くみあわせて、じゅくごを つくりましょう。

なまえ

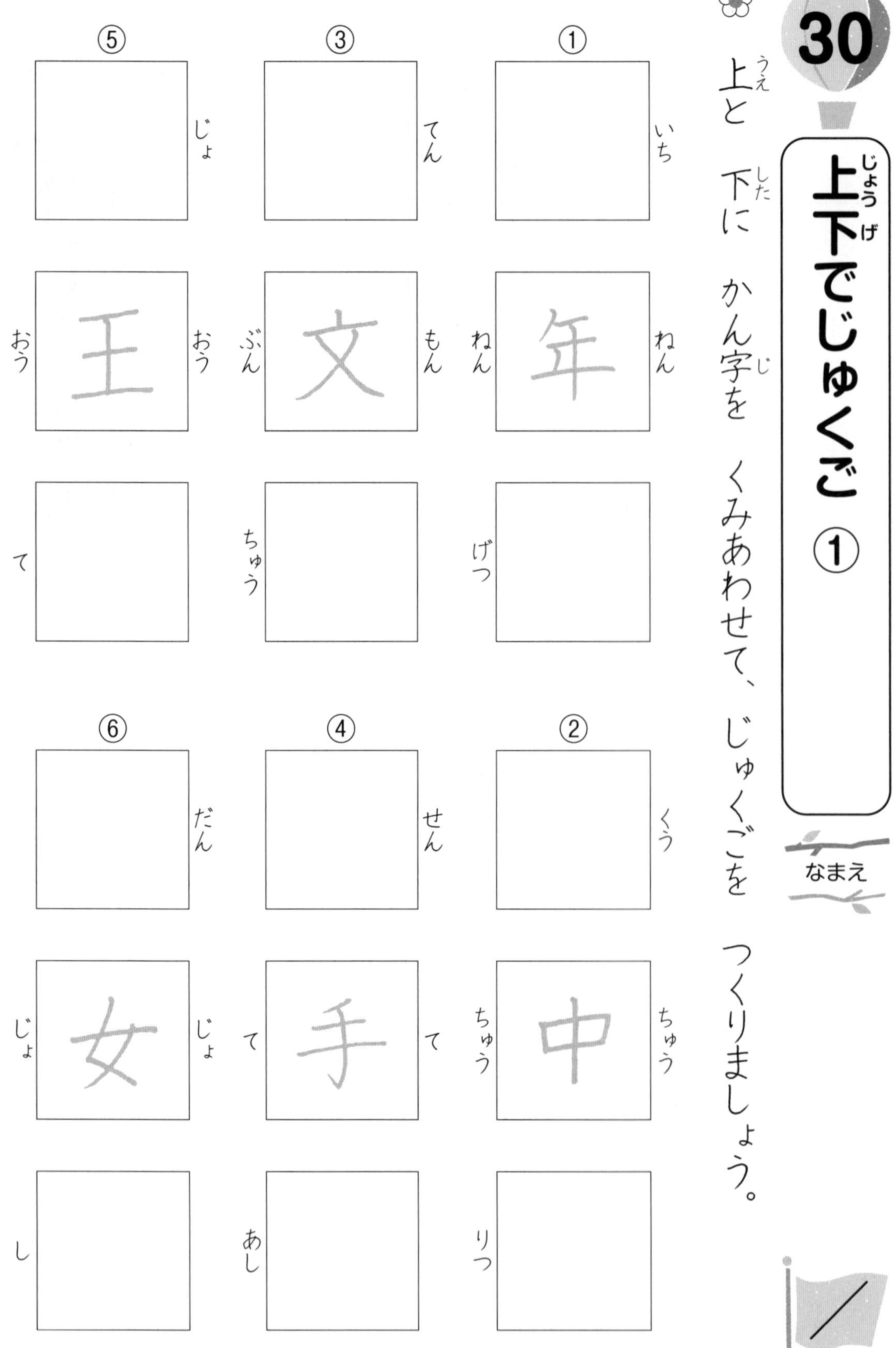

30

上下でじゅくご ②

なまえ

上と 下に かん字を くみあわせて、じゅくごを つくりましょう。

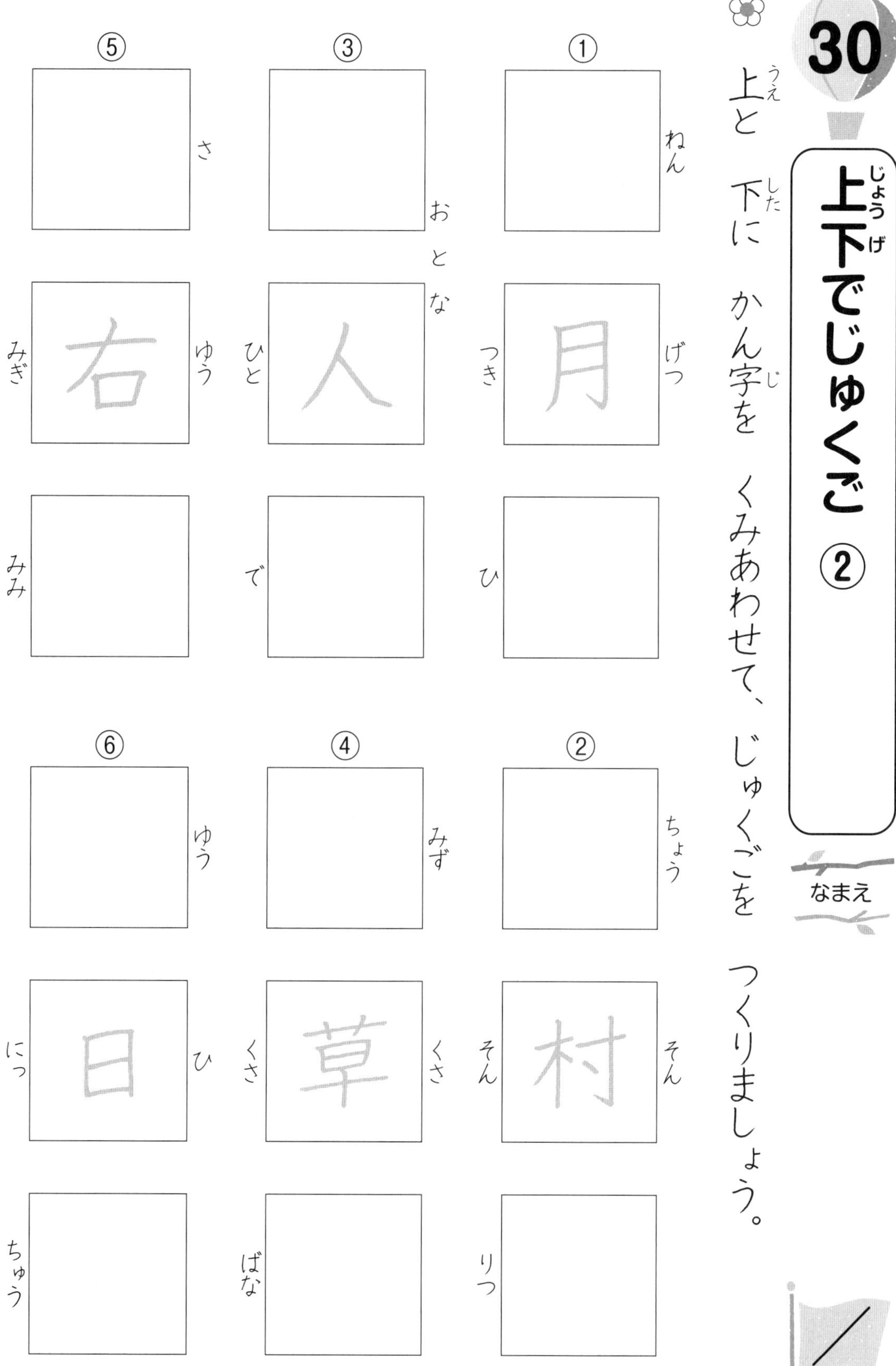

30 上下でじゅくご ③

上と下にかん字をくみあわせて、じゅくごをつくりましょう。

なまえ

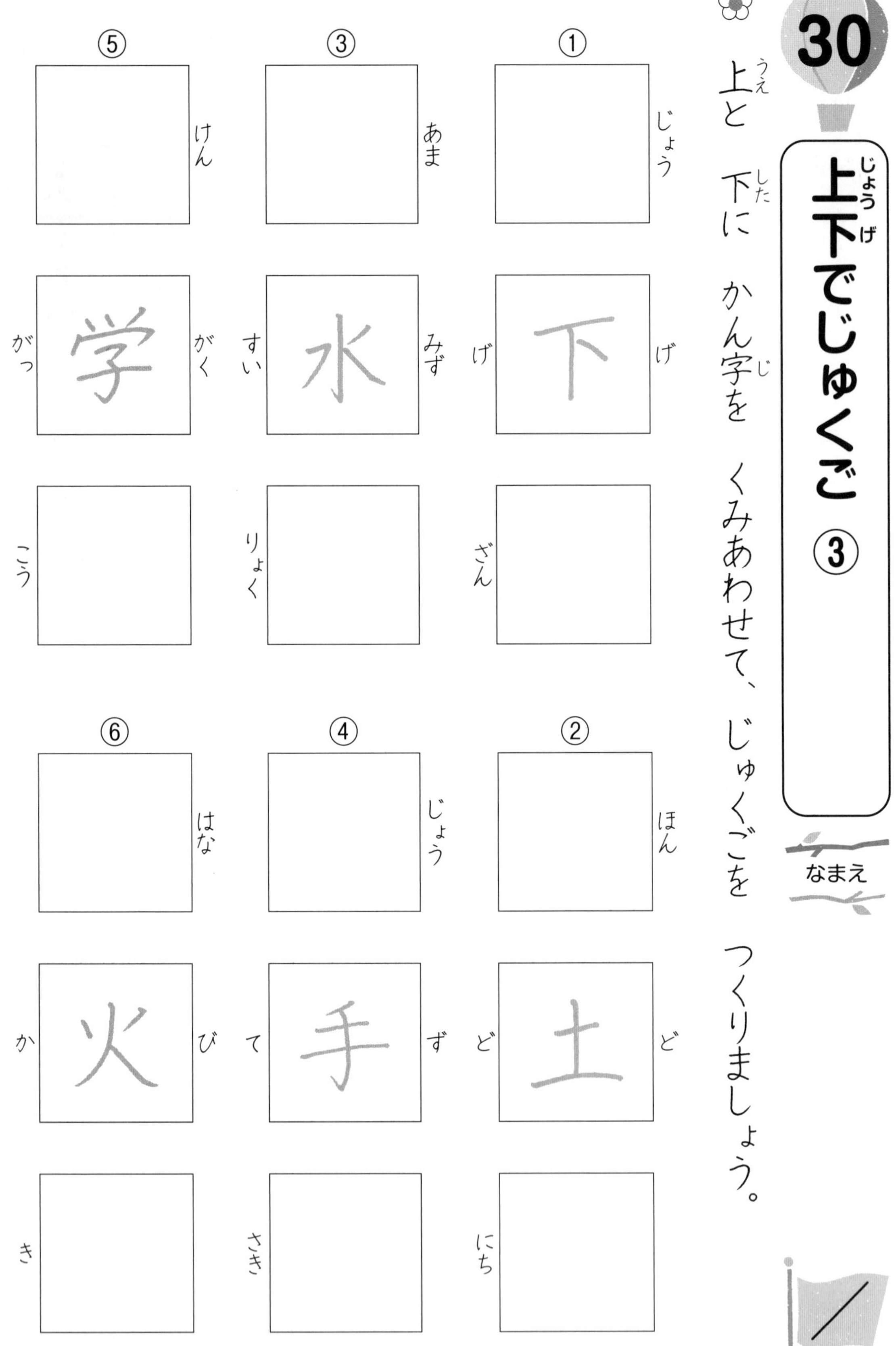

30

上下(じょうげ)でじゅくご ④

なまえ

上(うえ)と 下(した)に かん字(じ)を くみあわせて、じゅくごを つくりましょう。

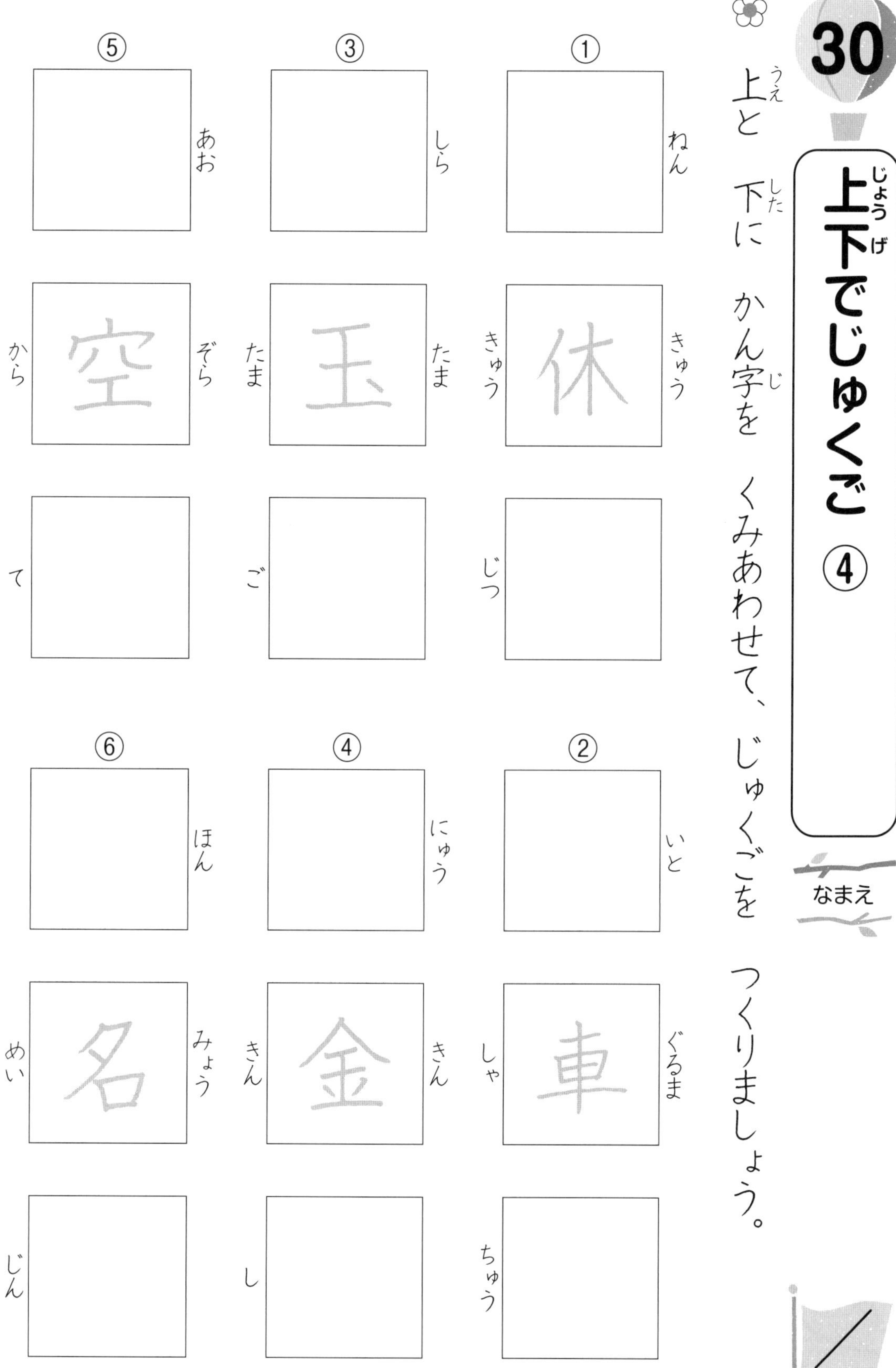

31 ことばさがし ① どうぶつ

なまえ

かくれている どうぶつを 五（いつ）つさがし、 カタカナで かきましょう。

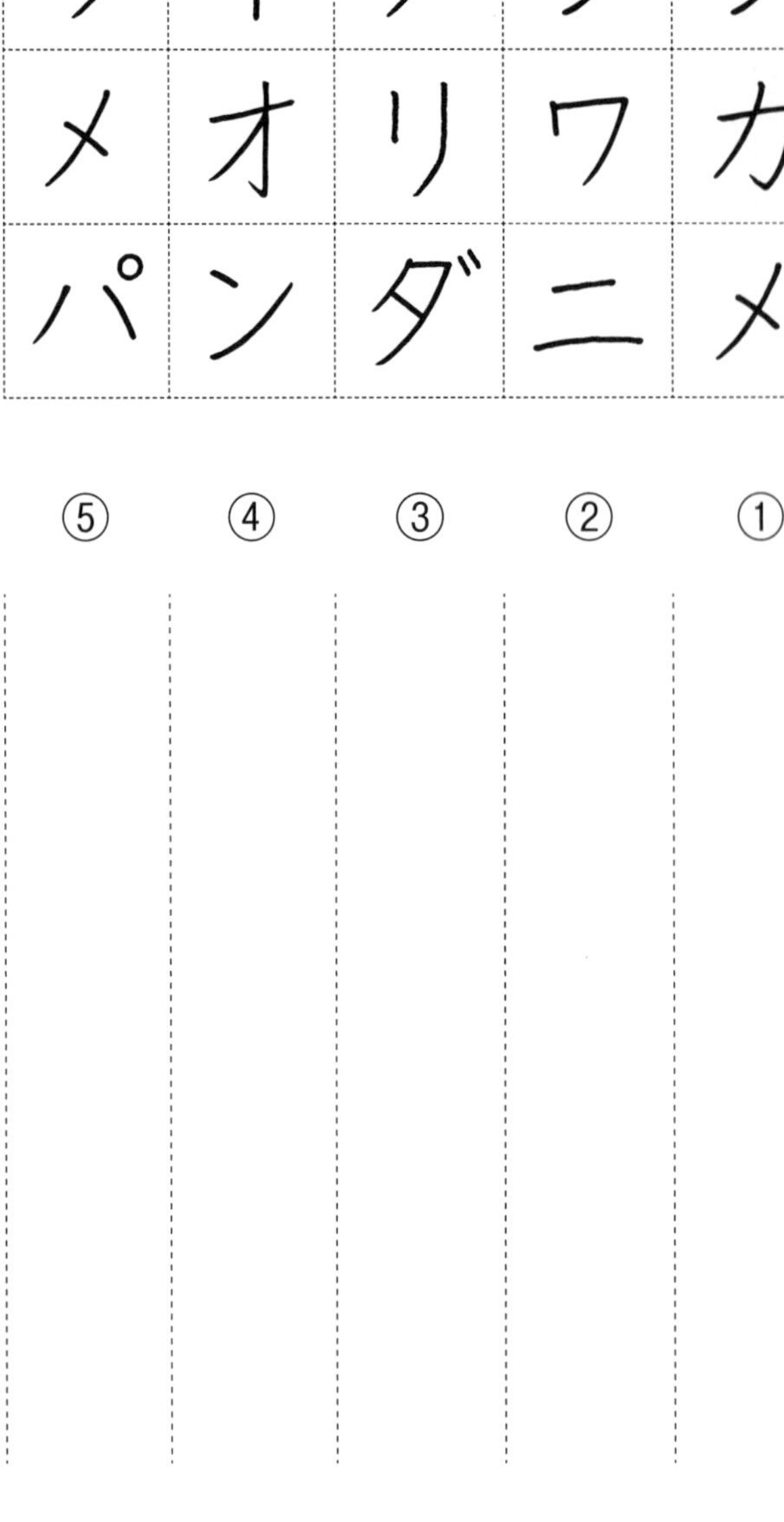

マ	カ	バ	ナ	マ
ト	ラ	ク	ダ	ウ
サ	イ	ノ	シ	シ
メ	オ	リ	ワ	カ
パ	ン	ダ	ニ	メ

①

②

③

④

⑤

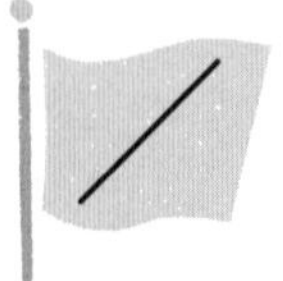

31 ことばさがし ② さかな

なまえ

かくれている さかなを 五(いつ)つさがし、 カタカナで かきましょう。

イ	ワ	シ	バ	サ
カ	レ	イ	サ	ン
ニ	ヒ	ラ	メ	マ
シ	ブ	リ	ダ	グ
ン	タ	イ	カ	ロ

①

②

③

④

⑤

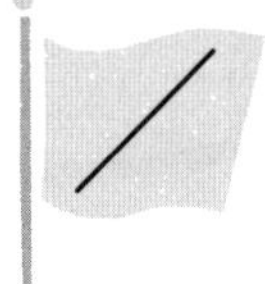

32

ことばのかんづめ ①

なまえ

❀ おだいに　あう　三文字（さんもじ）の　ことばを　あつめて、　つめこみましょう。

※たてがきでも、よこがきでも　いいです。
※あきマスが　できても　かまいません。

①

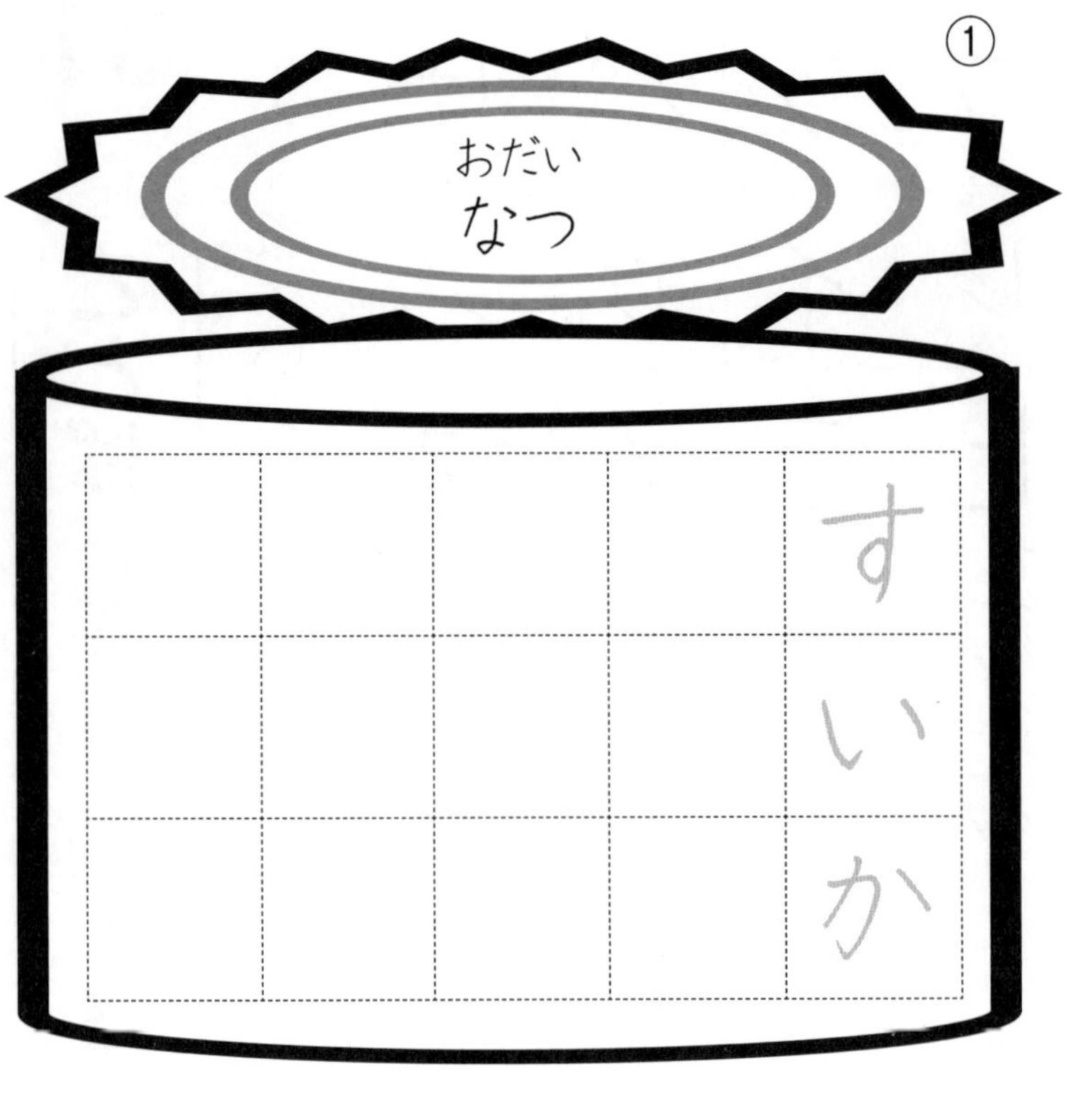

②

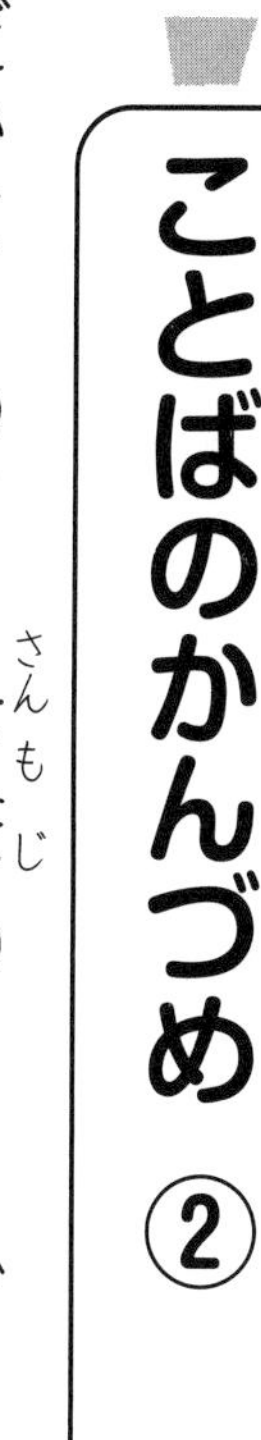

32 ことばのかんづめ ②

なまえ

おだいに　あう　三文字（さんもじ）の　ことばを　あつめて、　つめこみましょう。

※たてがきでも、よこがきでも　いいです。
※あきマスが　できても　かまいません。

①

②

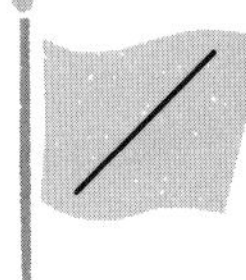

32 ことばのかんづめ ③

なまえ

おだいに　あう　四文字（よんもじ）の　ことばを　あつめて、　つめこみましょう。

※たてがきでも、よこがきでも　いいです。
※あきマスが　できても　かまいません。

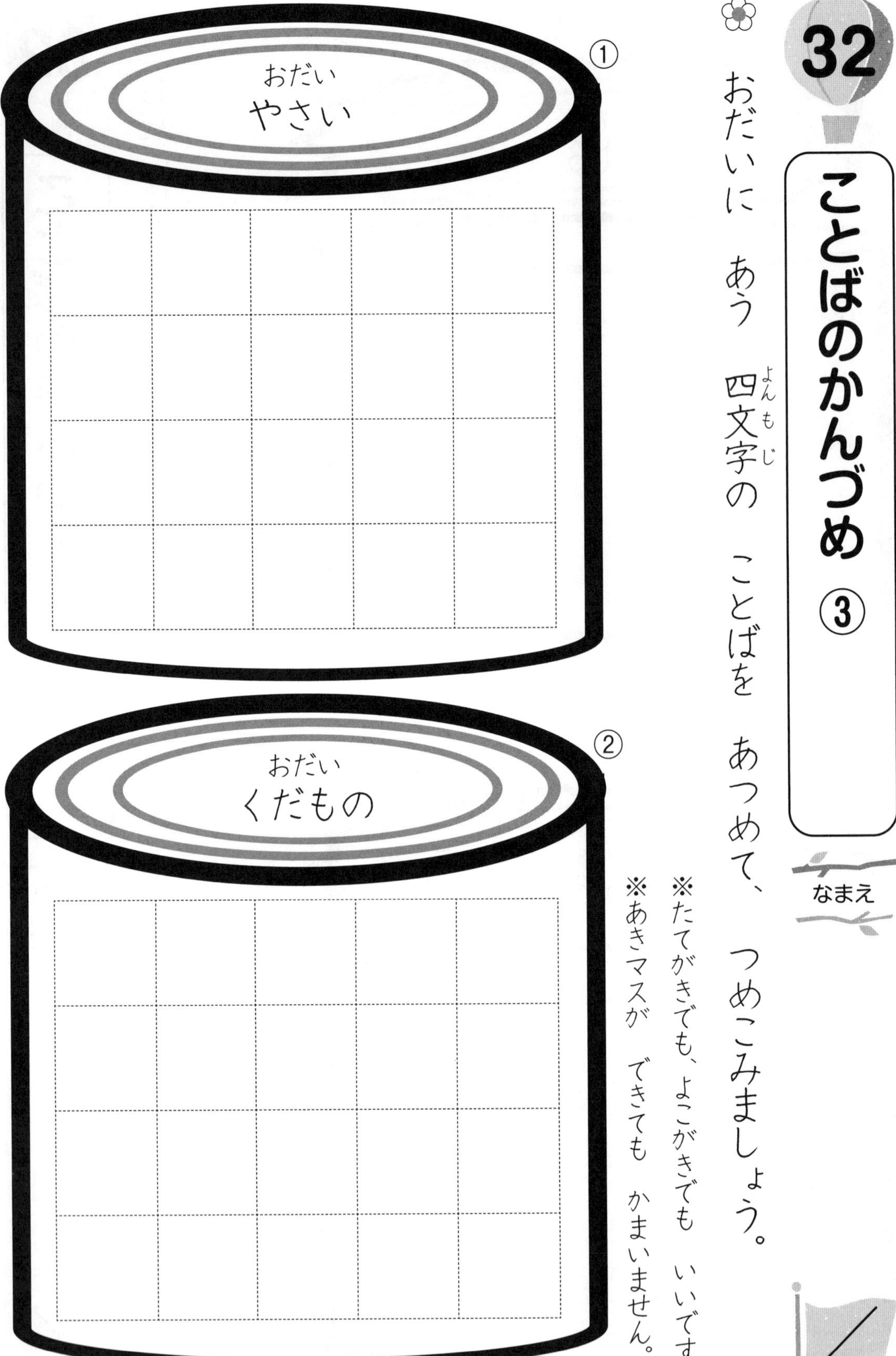

32

ことばのかんづめ ④

なまえ

おだいに　あう　ことばを　あつめて、つめこみましょう。

※たてがきでも、よこがきでも　いいです。
※あきマスが　できても　かまいません。

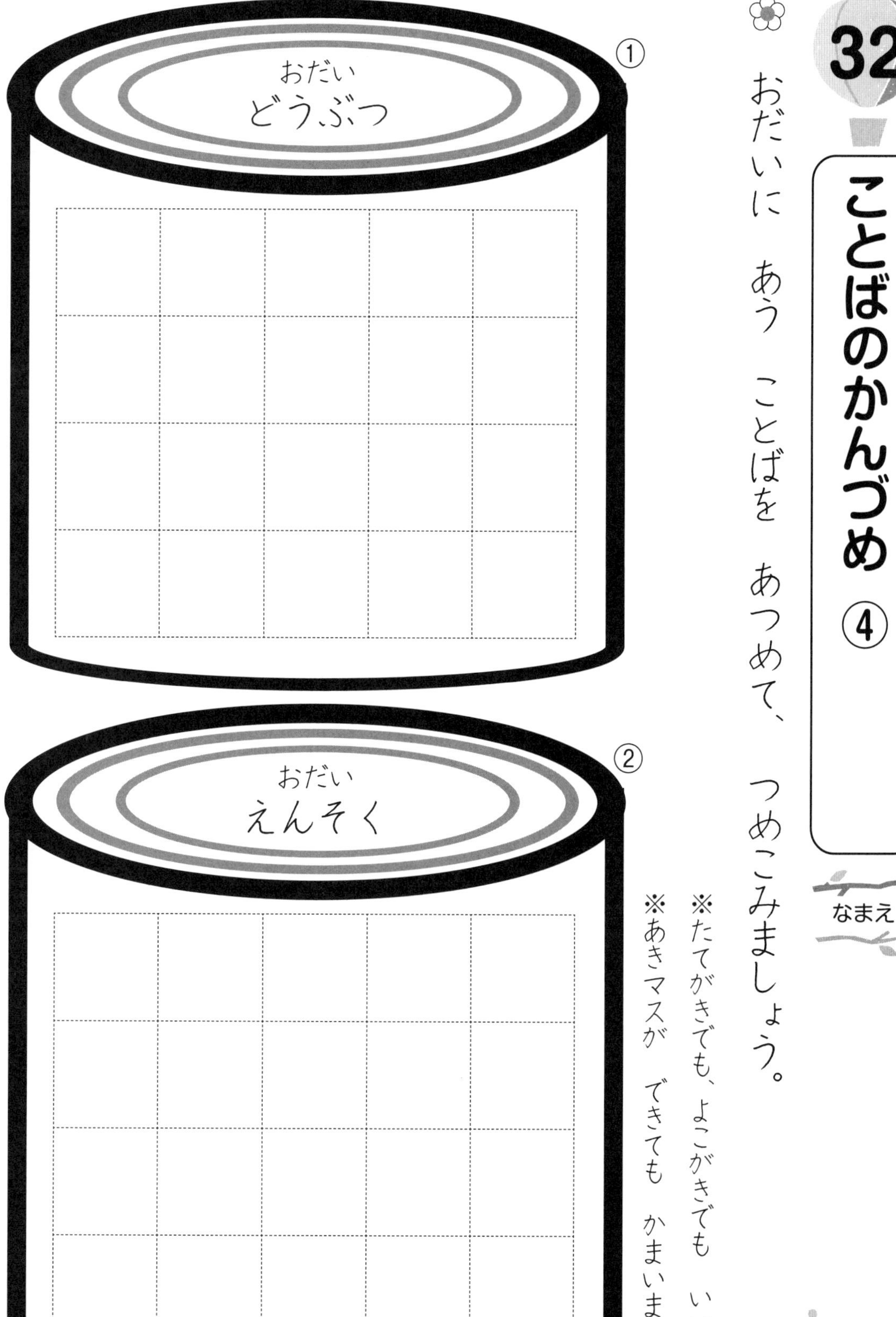

33 できごと三文にっき ①

なまえ

三つの文を正しくならべかえてなぞりましょう。

①

そして、シャツをすこしかいました。

まず、しょくひんをかいました。

どようび、かぞくとヒグマスーパーにいきました。

②

がようしのはねをつけて、できあがりです。

さいしょに、ふくろをふくらませてとめます。

ビニールロケットをつくります。

33 できごと三文にっき ②

なまえ

三つの 文を 正しく ならべかえて なぞりましょう。

①

一つ目は、ジャンケンをして かったら、そのまま せんとうです。

ジャンケンれっしゃの ルールを せつめいします。

二つ目は、ジャンケンで まけた 人は、かった 人の うしろに つきます。

②

九じまえに、どうぶつえんに つきました。入り口に いても どうぶつの こえが きこえました。

七じに おきました。そして、あさごはんを たべました。ごはんと みそしると たまごやきでした。

八じに いえを でて、えきまで おとうさんと いっしょに あるいて いきました。

33 できごと三文にっき ③

なまえ

三つの　文で　だいかつやくした（ゆめの）できごとの　さく文を　かきましょう。

一文目

□いつ？
□どこで？
□なにがあった？
※れい
日よう日に、学校で、うんどうかいが　ありました。

（　）よう日に、（　）で、
（　）が、ありました。

二文目

□なにをした？
□どうした？
※れい①
わたしは、リレーと　五十メートルそうで　一ばんを　とりました。
※れい②
パンくいきょうそうで、すべてのパン　をたべて、一千ポイントをとることが　できました。

わたしは、（
）ました。

三文目

□どうなった？
□どんなきもち？
※れい
わたしの　赤ぐみが　ゆうしょうし、とても　スカッと　しました。

ました。

33

できごと三文にっき ④

なまえ

三つの 文で 日よう日の できごとの さく文を かきましょう。

一文目

□いつ？
□だれと？
□どこへ？
※れい
日よう日に、おとうさんと、水ぞくかんへ いきました。

（　）よう日に、
（　）と、
（　）へ いきました。

二文目

□なにをした？
□どうした？
※れい
イルカショーや 大きな サメを みました。

をみました。

三文目

□どうなった？
□どんなきもち？
※れい
いろいろな いきものが いることが わかって、たのしかったです。

です。

34

生まれかわり　にっき ①

なまえ

生まれかわったら、じぶんの　やりたいことを　かきましょう。

あさ、めがさめると、大きなトリになっていました。そらをきもちよくとべるのをたのしんでいると、

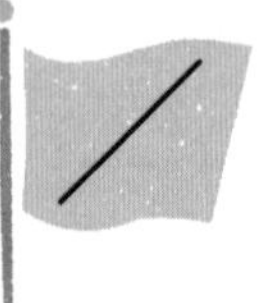

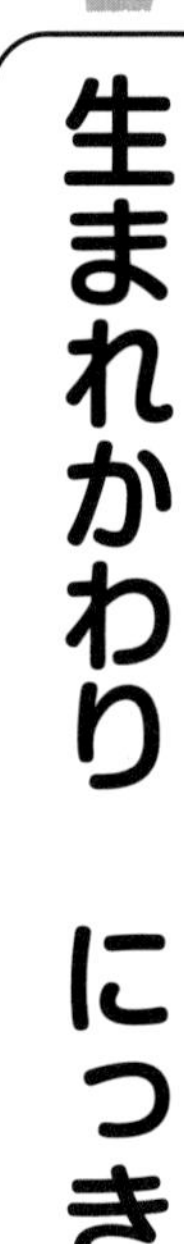

34 生まれかわり にっき ②

なまえ

生(う)まれかわったら、じぶんの やりたいことを かきましょう。

あさ、めがさめると、大きなうちゅうせんの中にいました。そしてなぞのほしにちゃくりくすると、

34 生まれかわり　にっき ③

生[う]まれかわったら、じぶんの　やりたいことを　かきましょう。

なまえ

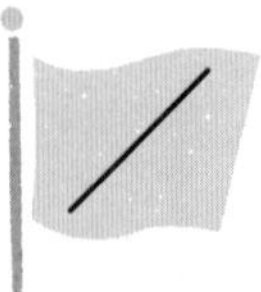

あさ、めがさめると、まほうつかいになっていました。町をあるいていると、ドラゴンをたおしてほしいとたのまれました。

34

生まれかわり　にっき ④

なまえ

生まれかわったら、じぶんの　やりたいことを　かきましょう。

あさ、めがさめると、かみさまになっていました。

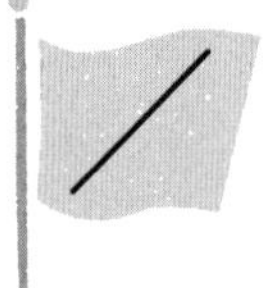

35 ねがいごとワーク ①
～ほしにねがいを～

なまえ

①〈ねがいごといろいろメモ〉ながれぼしに　おねがいを　するなら、どんな　ことが　かなって
ほしいですか？　いろいろかきましょう。

おべんきょう・ならいごと・たのしみ・ほしいもの（～になりたい、～がほしい、うまくなりたい）を　かいてみましょう。

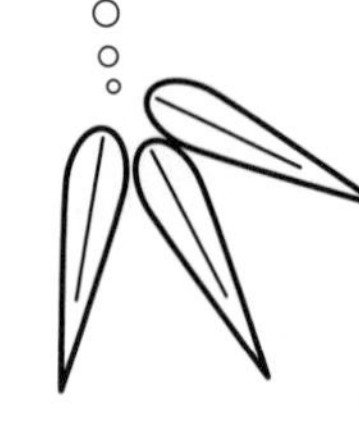

②一つ（ひと）　えらんで、まとめてみましょう。

わたしは、

そして、

です。

35 ねがいごとワーク②
～ほしいものリクエスト～

なまえ

❀ ほしいものを　しっかり　きめて、手（て）に　いれましょう！

①

《ほしいものメモ》

どんなものが　あったら　いいですか？　どんどん　メモしましょう。

《ほしいものりゆう》

ほんとうに　ほしいものを　えらんで、そのりゆうを　メモしましょう。

《できることメモ》

どうすれば、手に　はいると　おもいますか？

②〈ほしいものリクエストカード〉

ほしいもの　りゆう　できること

わたしは、プレゼントに　　がほしいです。

なぜなら、　　からです。

そのために　　をがんばります。

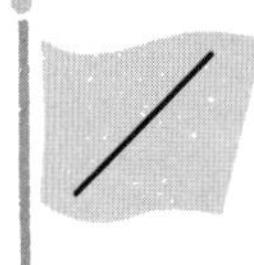

36 おなじところさがし ①

なまえ

✿「ここは　おなじ！」というところを　さがして　かきましょう。

①

リンゴ

と

トマト

どちらも、

②

おちゃ

と

おみず

どちらも、

36 おなじところさがし ②

なまえ

「ここは　おなじ！」というところを　さがして　かきましょう。

①

こくばん

と

ホワイトボード

どちらも、

②

トンボ

と

セミ

どちらも、

36 おなじところさがし ③

なまえ

✿「ここは　おなじ！」というところを　さがして　かきましょう。

①

そら

と

うみ

どちらも、

②

でんしゃ

と

バス

どちらも、

36

おなじところさがし ④

なまえ

「ここは　おなじ！」というところを　さがして　かきましょう。

①

テレビ

と

パソコン

どちらも、

②

コアラ

と

パンダ

どちらも、

37

名まえを つけてね ①

なまえ

キャラクターに 名(な)まえを つけてあげてください。

キャラクターの 名まえ

名まえの りゆう

名まえのりゆうは、

だからです。

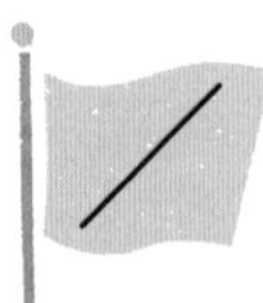

37 名まえを つけてね ②

なまえ

キャラクターに 名まえを つけてあげてください。

キャラクターの 名まえ

名まえの りゆう

名まえのりゆうは、

だからです。

38 まちがいさがし ①

なまえ

左のえを みて、右の えの まちがいを 見つけて せつめいしましょう。

左

右

まちがっているところは、

① 右の おしろの はたの
かずが（　　　　）。

② 右の カーペットの はばが、
（　　　　）。

③ 右の（　　　　）の
ばしょが ちがう。

38

まちがいさがし ②

なまえ

左のえをみて、右のえのまちがいを見つけてせつめいしましょう。

まちがっているところは、

① 右のぼうの先のいろが、
（　　）になっている。

② 右のちずの大きさが、
（　　）。

③ 右のてるてるぼうずの
かげが（　　）。

左

右

38 まちがいさがし ③

なまえ

左（ひだり）の　えを　みて、右（みぎ）の　えの　まちがいを　見（み）つけて　せつめいしましょう。

左

右

まちがっているところは、

① （右）の　カエルの　パソコンの（　　　）が（　　　）。

② （　　）の　カエルの　くびに（　　　）がない。

③ （　　）の　カエルの　パソコンに　コードが（　　　）。

38 まちがいさがし ④

なまえ

左の えを みて、右の えの まちがいを 見つけて せつめいしましょう。

右　　左

まちがっているところは、

① （右）の うみの 中に、（　　）が いる。

② （　　）の くだものの、（　　）が ちがう。

③ （　　）の ヤシの木に ヤシのみが（　　）。

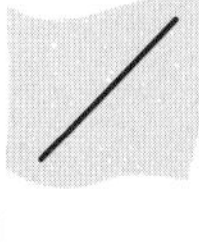

今スグ使える国語プリント　1年生　こたえ

【P．4～15】
しょうりゃく

【P．16】4．ただしい　せんむすび　①
①うどん　を　たべる。
②ケーキ　を　つくる。
③ペット　を　かう。
④どうが　を　みる。
⑤ゲーム　を　する。
⑥ダイヤ　を　もらう。

【P．17】4．ただしい　せんむすび　②
①ロケット　を　うちあげる。
②プチトマト　を　そだてる。
③オムライス　を　たべる。

【P．18】5．五かん作文　①
（れい）②つるつる
③ちくちく
④さらさら

【P．19】5．五かん作文　②
（れい）②ポリポリ
③ビュービュー
④ドンドン

【P．20】5．五かん作文　③
（れい）②つやつや
③ぎざぎざ
④でこぼこ

【P．21】5．五かん作文　④
（れい）②コーヒー
③ソース
④あぶら

【P．22】5．五かん作文　⑤
②あまい
③にがい
④からい

【P．23】5．どの五かんでしょう？
②さわる
③におう
④みる
⑤たべる

【P．24】6．オノマトぺ文　①
①かみなりが　ゴロゴロ　なる。
②おにくを　ジュージュー　やく。
③かみが　ビリビリ　やぶれる。
④カレーを　コトコト　にる。

【P．25】6．オノマトぺ文　②
①うしが　モーモー　なく。
②せんべいを　ポリポリ　たべる。
③やさいを　ザクザク　きる。
④あめが　ぽつぽつ　ふりだす。

【P．26】6．オノマトぺ文　③
①おさらが　パリンと　われる。
②かぜが　ビュービュー　ふきだす。
③ボールが　ころころ　ころがる。
④ドアが　バタンと　しまる。

【P.27】6. オノマトペ文 ④

①本を　ペラペラと　めくった。
②ふうりんが　チリンと　なった。
③えだが　ポキンと　おれた。
④いけに　ドボンと　おちた。

【P.28】6. オノマトペ文 ⑤

①かれはが　ぱらぱら　おちた。
②きのえだが　ゆらゆら　ゆれる。
③ゆかが　つるつる　すべる。
④川が　さらさら　ながれる。

【P.29】6. オノマトペ文 ⑥

①むねが　どきどき　する。
②あたまが　ガンガン　いたむ。
③あしが　がくがく　ふるえる。
④のどが　カラカラ　になる。

【P.30】7. ふきだしものがたり ①

（れい）①あした、てんきにしてくれって、たのまれたんだけど、できる？
②え？　ぼくがてんきにするの？　びみょうだけど……。

【P.31】7. ふきだしものがたり ②

（れい）①さあ！　わたすよ！　がんばってキャッチしてね！　せーの……。
②このうえにのるかな？　キャッチできるかな？

【P.32】8. オノマトペ・ルール ①

①ライオンが　ガオーガオー　と　ほえる。
②セミが　ミンミン　と　なく。
③チャイムが　チリンチリン　と　なる。

【P.33】8. オノマトペ・ルール ②

①きもちが　わくわく　してきた。
②たいようが　ぎらぎら　かがやく。
③くもが　ふわふわ　と　うく。

【P.34～39】

しょうりゃく

【P.40】11. せりふをかこもう ①

②おかあさんが、「おふろを　あらってくれない。」と　いったので、「いいよ。」と　へんじしました。
③おとうとが、「へんな　へびを　つかまえたんだけど。」と　見せに　きました。「ツチノコだよ。」と　おしえました。

【P.41】11. せりふをかこもう ②

①「かわいい。」さんぽを　している　いぬが　いました。「ポメラニアンだね。」　メアリーは　いいました。
②「やったー。」ジョンが　シュートを　きめました。「すごい！　すごいよ。」ぼくは　おおごえで　さけびました。
③メイさんが、「クラスで、おにごっこを　します。」と　いいました。「おには、一ぱんです。」と　つけたしました。

【P.42】12. なにが、なにする文 ①

①ねこが　なく。
②ゆきが　ふる。
③ゆめが　かなう。
④バラが　さく。
⑤きずが　なおる。

【P.43】12. なにが、なにする文 ②

①カエルが　はねる。
②みかんが　みのる。
③カレーが　できあがる。
④ほしが　かがやく。
⑤じかんが　すぎる。

【P.44】12.なにが、なにする文　③

①コンサートが　ひらかれる。
②でんしゃが　とうちゃくする。
③ぼうけんが　はじまる。
④カピバラが　ねている。
⑤かいじゅうが　あばれる。

【P.45】12.なにが、なにする文　④

①アザラシが　およぐ。
②ひこうきが　とぶ。
③たんぽぽが　さく。
④あかちゃんが　ほほえむ。
⑤せんしゅが　はしる。

【P.46】13.なには、どんなだ文　①

①カエルは　いきものだ。
②みかんは　くだものだ。
③カレーは　たべものだ。
④メダカは　さかなだ。
⑤ミルクは　のみものだ。

【P.47】13.なには、どんなだ文　②

①ゾウは　どうぶつだ。
②タンポポは　しょくぶつだ。
③バナナは　デザートだ
④モノレールは　のりものだ。
⑤トンボは　こんちゅうだ。

【P.48】14.なには、なんだ文　①

①カエルは　あおい。
②みかんは　あまい。
③カレーは　からい。
④こおりは　つめたい。
⑤うみは　ひろい。

【P.49】14.なには、なんだ文　②

①ゾウは　おもい。
②うみは　ふかい。
③ケーキは　おいしい。
④そらは　あおい。
⑤ボールは　まるい。

【P.50】15.うごけ！ロボット！　①

（れい）し…しずかに　する。
す…スキップを　する。
せ…せんたくを　する。
そ…そらを　とぶ。

【P.51】15.うごけ！ロボット！　②

（れい）ち…チャイムを　ならす。
つ…つるを　おる。
て…てんきを　よそうする。
と…とんねるを　ほる。

【P.52】16.ことばの　なかまわけ　①

どうぶつ…コアラ、ゴリラ、トラ、ネズミ、コイ　など
しょくぶつ…ダリア、バラ、キク、スイセン、ホウセンカ　など

【P.53】16.ことばの　なかまわけ　②

くだもの…バナナ、リンゴ、イチゴ、ナシ、マンゴー　など
たべもの…チーズ、ネギ、ナスビ、マイタケ、シソ　など

【P.54】16.ことばの　なかまわけ　③

いろ…アオ、オレンジ、レモン、ミドリ、キン　など
さかな…ジンベイザメ、コバンザメ、ギンザメ、カレイ、ウナギ　など

【P.55】16.ことばの　なかまわけ　④

もの…ラッパ、ハシ、タンス、クシ、ガラス　など
こんちゅう…バッタ、カマキリ、コオロギ、タガメ、ハチ　など

【P.56】17. ～を～に文 ①
（れい）② トロフィーを　みんなに　みせた。
③ たまごやきを　おとうとに　あげた。
④ さとうを　コーヒーに　いれた。

【P.57】17. ～を～に文 ②
（れい）② きんのおのを　きこりに　あたえた。
③ たまてばこを　たろうに　てわたした。
④ ほうせきを　つばめに　わたした。

【P.58】18. ～に～を文 ①
（れい）② せんせいに　しゅくだいを　わたした。
③ おさらに　カレーを　いれた。
④ ともだちに　けしごむを　かした。

【P.59】18. ～に～を文 ②
（れい）② ドラゴンに　にくを　たべさせた。
③ ふくろに　やくそうを　つめこんだ。
④ しょうにんに　ゴールドを　はらった。

【P.60】19. ばらばらことばづくり ①
あき、あさ、あじ、さめ、こめ、きじ、さじ、じき、じこ　など

【P.61】19. ばらばらことばづくり ②
かでん、たから、おかき、おくら、でんき、くらげ、くらし、げんし、げんき　など

【P.62】19. ばらばらことばづくり ③
じぶん、じてん、じまん、じしん、じかん、しんか、てんじ、まじん、しじん、かんじ　など

【P.63】19. ばらばらことばづくり ④
かき、かい、いき、いけ、おけ、すいか、きかい、きんか、いけん、きおん　など

【P.64】20. だれどこ文 ①
（れい）② いもうとは　としょかんで　どくしょをした。
③ ポチは　こうえんで　はしりまわった。
④ おとうとは　いけで　つりをした。

【P.65】20. だれどこ文 ②
（れい）① メアリが　うみへ　とびこんだ。
② とりが　おおぞらへ　はばたいた。
③ マイケルが　うちゅうへ　とびたった。
④ ゾウが　まちへ　にげだした。

【P.66】21. いつなに文 ①
（れい）① きのう、たいふうが　やってきた。
② むかし、きょうりゅうが　すんでいた。
③ さっき、パトカーが　とおった。
④ きょねん、マンションが　たてられた。

【P.67】21. いつなに文 ②
（れい）① あさって、たいふうが　やってくる。
② いつか、たからくじが　あたるかも。
③ あした、えんそくが　ある。
④ このあと、アニメが　はじまる。

【P.68】22. だれがだれと文 ①
（れい）① おとうさんが　どろぼうと　たたかった。
② おかあさんが　アイドルと　おどった。
③ いもうとが　おとうとと　なかなおりした。
④ おじいさんが　おばあさんと　あそびにきた。

【P.69】22. だれがだれと文 ②
（れい）① トムが　ジェリーと　けんかした。
② ウサギが　カメと　あらそった。
③ タロウが　おにと　たたかった。
④ ゆうしゃが　まおうと　はなしあった。

【P.70】23. あてはめ文 ①
②プリンは あまい。
③メダカは さかなだ。

【P.71】23. あてはめ文 ②
②くじらは ふかくもぐる。
③うしは ゆっくりたべる。

【P.72】23. あてはめ文 ③
②ゾウは すごくおもい。
③ダイヤは かなりかたい。

【P.73】23. あてはめ文 ④
②マンゴーは おいしいくだものだ。
③カモノハシは ふしぎないきものだ。

【P.74】24. くんよみチャレンジ! ①
①おお(きい) ②ちい(さい) ③た(りる)
④い(きる) ⑤はや(い) ⑥で(る)
⑦はい(る) ⑧た(つ) ⑨ただ(しい)
⑩やす(む) ⑪まな(ぶ) ⑫み(える)

【P.75】24. くんよみチャレンジ! ②
①あま(のがわ) ②つち(をほる)
③まち(にいく) ④むら(にいく)
⑤な(まえ) ⑥しろ(いくも)
⑦まる(い) ⑧とし(をとる)
⑨ちから(をだす) ⑩はやし(のなか)
⑪ぶん(をかく) ⑫ほん(をよむ)

【P.76】24. くんよみチャレンジ! ③
①て(をとる) ②いと(をまく)
③た(うえ) ④くるま(にのる)
⑤そら(をみる) ⑥たけ(うま)
⑦なか(をみる) ⑧た(つ)
⑨くさ(をぬく) ⑩さき(をよむ)
⑪いし(をける) ⑫むし(をとる)

【P.77】24. くんよみチャレンジ! ④
①いっ(ぽん) ②に(ほん) ③さん(ぼん)
④よん(ほん) ⑤ご(ほん) ⑥ろっ(ぽん)
⑦なな(ほん) ⑧はち(ほん) ⑨きゅう(ほん)
⑩じっ(ぽん) ⑪ひ(がつく) ⑫みず(をのむ)

【P.78】25. おはへの なぞり ①
①おかし を つくる。
②おかね を ためる。
③おんど を はかる。
④おうち を たずねる。

【P.79】25. おはへの なぞり ②
①おとうさんが、おすしを にぎる。
②おそうじの おてつだいを する。
③おへやで おんがくを きく。
④おかあさんが、おやつを つくる。

【P.80】25. おはへの なぞり ③
①わたしは だいじょうぶです。
②わなげは こつが あります。
③わるぐちは いいません。
④わたがしは あまいです。

【P.81】25. おはへの なぞり ④
①わたしたちは わすれものは ない。
②われわれは わりばしは もっている。
③わがやには わしつは ない。
④わたがしは わたしには あますぎる。

【P.82】25. おはへの なぞり ⑤
①えきへ むかう。

②えいがかんへ　いく。
③えんにちへ　でかける。
④えいこくへ　りょこうする。

【P.83】25.おはへの　なぞり　⑥
①えだまめを　えんがわへ　もっていく。
②えがおで　えんそくへ　いく。
③えんぎで　えんとつへ　のぼる。
④えんじが、えんがいへ　とびだした。

【P.84】25.おはへの　なぞり　⑦
①アンは　クッキーを　ともだちへ　おくった。
②ちちは　おとうとを　ゴールへ　みちびいた。
③ははは　いもうとを　プールへ　いかせた。
④おじは　すまいを　いなかへ　うつす。

【P.85】25.おはへの　なぞり　⑧
①トムは　なかまへ　おたからを　ゆずった。
②メイは　おうさまへ　マントを　さしあげた。
③ははは　あにへ　てがみを　おくった。
④おうは　ひめへ　ドレスを　あげた。

【P.86】26.いけ！スーパーロボット　①
（れい）①目…目からこうせんを出す。
②目…なんでも見える。
③口…口から火をはく。
⑤耳…どうぶつのはなしがわかる。

【P.87】26.いけ！スーパーロボット　②
（れい）足…きょうりょくなキックをする。
火…口から火をはく。
水…口から水をはく。

【P.88】27.カタカナ　ルール　①
がいこくのくにの名まえ…ドイツ、スペイン、アメリカ、デンマーク
がいこくのばしょの名まえ…ローマ、ハワイ、グアム、ドバイ、バンコク

【P.89】27.カタカナ　ルール　②
テレサ、ディズニー、マリー、マゼラン、ヘレン、コロンブス、レオナルド、エリザベス、ジャンヌ

【P.90】27.カタカナ　ルール　③
イメージ、キャリア、アドバイス、プログラム、キャンセル、ポイント、ユーモア、メンタル、ストレス

【P.91】27.カタカナ　ルール　④
ジュージュー、パシャパシャ、シトシト、カチャカチャ、ドッカーン、ピヨピヨ、チュンチュン、ビュービュー、ウッホウッホ

【P.92〜93】
しょうりゃく

【P.94】29.ペアじゅくご　①
①百円・五百　②十八・百十　③九日・十九
④八日・百八　⑤七日・十七　⑥六日・六円
⑦五日・五月　⑧四日・四年

【P.95】29.ペアじゅくご　②
①三日・三名　②二日・二人　③一日・一字
④大木・名木　⑤大小・大人　⑥小人・小雨
⑦女子・男子　⑧青空・青年

【P.96】29.ペアじゅくご　③
①男女・三男　②女手・子女　③下手・上手
④空白・天空　⑤見学・見本　⑥学校・文学
⑦休校・下校　⑧赤虫・青虫

【P. 97】29. ペアじゅくご ④

① 文中・本文　② 正月・正気　③ 二字・文字
④ 山川・山水　⑤ 水上・下水　⑥ 雨天・大雨
⑦ 上水・上下　⑧ 下火・手下

【P. 98】29. ペアじゅくご ⑤

① 月日・土日　② 火力・中火　③ 青田・水田
④ 川上・川下　⑤ 竹林・青竹　⑥ 月日・年月
⑦ 車中・糸車　⑧ 人手・小人

【P. 99】29. ペアじゅくご ⑥

① 気力・人気　② 本人・本日　③ 森林・青森
④ 出入・入出　⑤ 名人・名字　⑥ 夕日・七夕
⑦ 百人・百日　⑧ 千円・正円

【P. 100】29. ペアじゅくご ⑦

① 千年・千金　② 草花・生花　③ 休日・年休
④ 金目・白金　⑤ 土手・土石　⑥ 糸目・金糸
⑦ 目上・目玉　⑧ 玉石・白玉

【P. 101】29. ペアじゅくご ⑧

① 村人・町村　② 白日・白糸　③ 本音・足音
④ 赤子・赤字　⑤ 人生・一生　⑥ 空耳・小耳
⑦ 王子・王女　⑧ 口上・一口

【P. 102】29. ペアじゅくご ⑨

① 年金・年中　② 村立・町立　③ 草木・七草
④ 先生・先日　⑤ 子（小）犬・名犬　⑥ 早耳・早口
⑦ 赤貝・生貝　⑧ 林立・林木

【P. 103】29. ペアじゅくご ⑩

① 中日・山中　② 町中・下町　③ 入力・入学
④ 右手・右耳　⑤ 足音・一足　⑥ 小石・石山
⑦ 左右・左足　⑧ 力水・目力

【P. 104】30. 上下でじゅくご ①

① 一年月　② 空中立　③ 天文中　④ 先手足
⑤ 女王手　⑥ 男女子

【P. 105】30. 上下でじゅくご ②

① 年月日　② 町村立　③ 大人手　④ 水草花
⑤ 左右耳　⑥ 夕日中

【P. 106】30. 上下でじゅくご ③

① 上下山　② 本土日　③ 雨水力　④ 上手先
⑤ 見学校　⑥ 花火気

【P. 107】30. 上下でじゅくご ④

① 年休日　② 糸車中　③ 白玉子　④ 入金糸
⑤ 青空手　⑥ 本名人

【P. 108】31. ことばさがし ① どうぶつ

（つぎのうちの五つ）
（れい）カバ、バク、トラ、ラクダ、ウマ、ウシ、サイ、イノシシ、ワニ、カメ、シカ、パンダ、ライオン、サメ、ワシ

【P. 109】31. ことばさがし ② さかな

（つぎのうちの五つ）
（れい）イワシ、カレイ、ヒラメ、ニシン、ブリ、タイ、マグロ、サンマ、サバ、メダカ、シイラ

【P. 110】32. ことばのかんづめ ①

（れい）① やすみ、すいか、にっき、アイス、プール、バッタ
（れい）② おもち、こたつ、みかん、さむい、おせち、おなべ

【P. 111】32. ことばのかんづめ ②

（れい）① さくら、ちょう、つくし、すみれ、つばめ
（れい）② もみじ、かれは、すすき、さんま、つきみ

【P. 112】32. ことばのかんづめ ③

（れい）① はくさい、たまねぎ、にんじん、だいこん、ピーマン

（れい）② マンゴー、グレープ、オレンジ、ぽんかん、いちじく

【P.113】32. ことばのかんづめ ④

（れい）① おおかみ、ライオン、ねずみ、うさぎ、たぬき、きつね、コアラ、とら、ゴリラ

（れい）② しおり、かさ、おやつ、すいとう、べんとう、おにぎり

【P.114】33. できごと三文にっき ①

① 1 どようび、かぞくとヒグマスーパーにいきました。
2 まず、しょくひんをかいました。
3 そして、シャツをすこしかいました。

② 1 ビニールロケットをつくります。
2 さいしょに、ふくろをふくらませてとめます。
3 がようしのはねをつけて、できあがりです。

【P.115】33. できごと三文にっき ②

① 1 ジャンケンれっしゃのルールをせつめいします。
2 一つ目は、ジャンケンをしてかったら、そのまませんとうです。
3 二つ目は、ジャンケンでまけた人は、かった人のうしろにつきます。

② 1 七じにおきました。そして、あさごはんをたべました。ごはんとみそしるとたまごやきでした。
2 八じにいえをでて、えきまでおとうさんといっしょにあるいていきました。
3 九じまえに、どうぶつえんにつきました。入り口にいてもどうぶつのこえがきこえました。

【P.116】33. できごと三文にっき ③

一文目 （れい）日よう日に、学校で、うんどうかいがありました。

二文目 （れい）①わたしは、リレーと五十メートルそうで一ばんをとりました。

（れい）②パンくいきょうそうで、すべてのパンをたべて、一千ポイントをとることができました。

三文目 （れい）わたしの赤ぐみがゆうしょうし、とてもスカッとしました。

【P.117】33. できごと三文にっき ④

一文目 （れい）日ようびに、おとうさんと、水ぞくかんへいきました。

二文目 （れい）イルカショーや大きなサメをみました。

三文目 （れい）いろいろないきものがいることがわかって、たのしかったです。

【P.118】34. 生まれかわり にっき ①

（れい）

　あさ、めがさめると、大きなトリになっていました。そらをきもちよくとべるのをたのしんでいると、こうえんでこどもがあそんでいるのをみつけました。そばにおりていき、いっしょにあそびました。

【P.119】34. 生まれかわり にっき ②

（れい）

　あさ、めがさめると、大きなうちゅうせんの中にいました。そしてなぞのほしにちゃくりくすると、うちゅう人がやってきて、「おもしろいものを見せてあげるよ。」といったので、ついていきました。

【P.120】34. 生まれかわり　にっき　③

（れい）

　あさ、めがさめると、まほうつかいになっていました。町をあるいていると、ドラゴンをたおしてほしいとたのまれました。「いいよ」といって、ドラゴンが小さくなるまほうをかけてつかまえました。

【P.121】34. 生まれかわり　にっき　④

（れい）

　あさ、めがさめると、かみさまになっていました。そとにでると、こどもが「かみさま、お母さんのかぜをなおしてください。」といいました。いっしょにおいのりして、お母さんのかぜをなおしました。

【P.122】35. ねがいごとワーク　①　～ほしにねがいを～

②（れい）わたしは、パイロットになりたいです。そして、せかいじゅうのくにへいってみたいです。

【P.123】35. ねがいごとワーク　②　～ほしいものリクエスト～

②（れい）わたしは、プレゼントにポメラニアンがほしいです。なぜなら、とてもかわいいからです。そのためにおてつだいをがんばります。

【P.124】36. おなじところさがし　①

（れい）①　まるい、赤い、ざいりょう、スーパーでうっている、たべもの、だいたいおなじ大きさ　など

（れい）②　えきたい、あたためたり、ひやしたりできる、れいぞうこ、ペットボトル、じどうはんばいき、もちあるく　など

【P.125】36. おなじところさがし　②

（れい）①　字をかく、きょうしつや学校にある、いた、うすい　など

（れい）②　こん虫、とぶ、はねがとうめい、なつ、虫　など

【P.126】36. おなじところさがし　③

（れい）①　二文字、青い、生きものがいる、ちきゅうのいちぶ、ひろい　など

（れい）②　のりもの、人をはこぶ、しかくい、ねんりょうがいる、りょう金、きっぷ、かいそう（回送）がある　など

【P.127】36. おなじところさがし　④

（れい）①　がめんがある、いろいろみる、でんきがいる、しかくい

（れい）②　三文字、どうぶつ、にんきもの、どうぶつえん、かわいい、ゆっくり、いやされる

【P.128】37. 名まえをつけてね　①

（れい）名まえ…ゴンザブ

りゆう…ゴンズイににていてちょっぴりラブリー

【P.129】37. 名まえをつけてね　②

（れい）名まえ…ロボまる

りゆう…まるっこいロボットで、いろいろなしごとができそう

【P.130】38. まちがいさがし　①

①　すくない

②　ひろい

③　おうさま

【P.131】38. まちがいさがし ②

①白
②小さい
③大きい

【P.132】38. まちがいさがし ③

①マーク、はんたい
②右、ネクタイ
③右、ある

【P.133】38. まちがいさがし ④

①ヒトデ
②右、いろ
③右、ない

1日10分
読解力・表現力が身につく
国語ドリル　小学1年生

2023年4月10日　第1刷発行

著　者　藤原光雄（ふじわらみつお）
発行者　面屋　洋
企　画　清風堂書店
発行所　フォーラム・A
〒530-0056　大阪市北区兎我野町15-13
電話（06）6365-5606
FAX（06）6365-5607
振替 00970-3-127184
http://www.foruma.co.jp/
E-mail : forum-a@pop06.odn.ne.jp

制作編集担当・藤原幸祐・中倉香代

表紙デザイン・畑佐　実
印刷・㈱関西共同印刷所／製本・㈱髙廣製本